아무것도 하지 않고도
모든 것을 얻는 법

THE HAPPINESS EQUATION

아무것도 하지 않고도
모든 것을 얻는 법

THE HAPPINESS EQUATION

닐 파스리차 지음 | 송선인 옮김

나무옆의자

서문

　나는 10년이 넘는 시간 동안 사람들을 몇 단계씩 성장시키는 일을 해왔다. 전 세계 수십만 명의 사람들을 대상으로 리더십에 관한 강연을 하고, 하버드 학장과 함께 무대에 섰으며, 아우디나 비아콤, GE와 같은 세계적 기업에게 리더십 컨설팅을 해주는 등 스스로도 놀라운 경험들을 했다. 또한 월마트의 인력개발부장으로 일하면서 억만장자들을 인터뷰하고 세계에서 가장 큰 기업 CEO 두 명의 바로 밑에서 일을 한 적도 있다. 그러나 이렇게 각 개인과 팀, 기업을 성공적으로 이끄는 일을 한 지 몇 년이 지나자 서서히, 분명한 어떤 사실을 깨닫게 되었다. 그것은 바로 그들 중 행복한 사람은 거의 없었다는 것이다.

　그들과의 식사 자리에서는 언제나 삶의 균형을 찾기 위해 버둥거리는 이야기, 바쁜 생활에 지쳐가는 이야기, 또 남들에게 뒤처지지 않으려 애쓰는 이야기들만 오갔다. 실제로 대부분의 리더는 삶에 여유가 없고 돈과 시간에 스트레스 받으면서 끝도 없이 계속되는 결정과 서로 모순되는 의견에 부담을 느끼고 있었다. 심지어 세계에서 가장 위대한 리더로 손꼽히는 사람들, 그리고 억만장자, 혹은 〈포춘〉 선정 500대 기업 CEO들조차 매일 삶에서 벌어지는 크고 작은 일들을 생각하며 괴로워했다. 그리고 그런 그들을 보며 나 역시 행복하지 않다는 사실을 깨달았다.

그 작지만 강렬한 깨달음 이후 나는 스트레스 없이 의사결정을 할 수 있는 단순한 모델과 구조를 찾아 나섰고, 끊임없이 나를 수렁에 빠뜨리는 어려운 결정의 부담을 없애줄 방법을 찾아 나섰다. 나 역시 언제나 정신없이 한 주를 보내고 나면 완전히 지쳐버리기 때문에, 끝냈어야 할 과업을 마무리하지 못한 죄책감, 마음이 엉망인 상태로 어려운 결정을 하느라 생기는 방황들을 항상 머릿속에 안고 살았다. 돌이켜보면 얼마나 많은 시간을 낭비했는지 믿기 힘들 정도였다.

행복해지는 것은 우리가 매일 일터에서 맞닥뜨리는 가장 큰 도전이다. 집에서 아이를 보는 엄마도, 학교에서 공부하는 학생도, 해외여행을 하는 사람에게도 똑같이 적용된다. 우리는 힘들 때나 방황할 때 긍정적인 생각을 갖기 위해 뇌를 어떻게 가르치고 훈련해야 하는지를 학교에서 배운 적이 없다. 즉, 살아오면서 '행복해지는 방법'이라는 강좌를 들은 사람은 거의 없을 거란 뜻이다.

지난 몇 년간 나는 고등학생들을 대상으로 매년 여름 워크숍을 진행해왔다. 참가한 학생들은 학교에서 최상위권 성적이었을 뿐 아니라 가장 좋은 클럽과 팀 소속으로 모두 아이비리그 진학을 준비하고 있었다. 그들은 목표가 비슷한 사람들과 만나 함께 시간을 보낼 수 있는 그 캠프 프로그램을 좋아했다.

그 워크숍에서 나는 늘 '행복한 삶을 위한 9가지 비법' 이야기를 빼놓지 않았다. 그리고 그 이야기가 끝날 때쯤 학생들은 질문을 했다. 그 질문들은 항상 나를 놀라게 했다. 학생들은 더 나은 성적을 얻는 방법, 좋은 학교에 들어가는 방법, 혹은 높은 연봉을 받는 방법에 관해서는 전혀 질문하지 않았다. 왜냐하면 그것들을 어떻게 해야 하는지는 이미 충분히 알고 있었으니까. 대신 그들의 질문은 모두 행복에 대한 갈망에서 나온 것들이었다.

학생들은 "은퇴하려면 돈이 얼마나 필요한가요?", "비판을 수용하는 가장 좋은 방법은 무엇인가요?", "스트레스를 줄이면서 더 많은 일을 하는 게 가능한가요?", "나만의 진실한 열정을 어떻게 찾을 수 있나요?", "불안감을 어떻게 치료하나요?", "모두들 각각 서로 다른 충고를 한다면 어떻게 해야 하나요?", "좀 더 긍정적인 사람이 되려면 어떻게 해야 하나요?" 등과 같은 질문을 쏟아냈다. 이 학생들은 지능이나 기술을 개발하는 것보다는 삶의 만족감과 자유, 그리고 행복을 원했다. 그들은 아무것도 원하지 않으면서도 모든 걸 갖길 원했고, 무엇이든 하길 원했다. 그들은 단지 행복한 삶을 살기 원했을 뿐이다.

이 학생들을 보면서 나는 어떻게 하면 우리가 더 행복해질 수 있는지, 어떻게 하면 우리가 좀 더 긍정적인 결정을 내릴 수 있는지 등에 대한 명확한 정보가 필요하다는 생각이 들었다.

그런 생각 끝에 나는 한 호텔업계 CEO에게 어려운 결정을 단순화하도록 도와주는, 그래서 좀 더 만족스럽고 자유로우며 행복한 삶을 살 수 있게 해주는 책이나 모델, 혹은 웹사이트를 아는지 물었더니 그는 이렇게 대답했다.

"그런 책은 존재하지 않습니다. 그것은 마치 영향력이 큰 임원이나 성공한 사람, 그리고 긍정 리더가 그들의 삶 전반에 걸쳐 만들어낸 개인적인 정신 모델을 한 권으로 압축한 책이 있는지 물어보는 것과 같아요. 아무도 그런 일을 하지 않습니다."

그 이후로 몇 년 동안 행복으로 이끄는, 체계를 갖춘 실용적인 책을 찾아본 결과 그의 말은 사실이었다. 그러나 여전히 나는 행복해지는 법에 관한 일반적인 삶의 철학이나 우화를 뛰어넘는, 실제 연구 결과에 입각한 과학적이고 검증된 특별한 책을 원했다. 그래서 나는 내가 직접 행복에 관한 실제적인 책, 실용적인 책, 명백한 책, 그리고 매일 사용할 수 있는 행동지침이 담긴 책을 쓰고자 했고, 이 책이 바로 그 책이다.

아무것도 하지 않고도 모든 것을 얻는 법

차례

2부
무엇이든 하기

3부

모든 것을 갖기

1부

HAPPINESS EQUATION

아무것도
바라지 않기

진정한 행복은 미래를 걱정하지 않고
현재를 즐기는 것이며,
희망이나 두려움에 일희일비하지 않고
우리가 갖고 있는 것에 만족하는 것이다.
아무것도 바라지 않기 때문이다.
인류의 위대한 축복은 우리 안에,
또한 우리 손에 닿는 곳에 있다.
현명한 사람은 갖고 있지 않은 것을 바라는 대신
그것이 어떤 것이든 자신의 운명에 만족한다.

-루시우스 세네카

1장

행복해지기 위해
반드시 해야 할 일
첫 번째

순서만 살짝 뒤집으면
완전히 새로운 관점이 열린다

　나쁜 소식을 먼저 전하려 한다. 우리가 어린 시절부터 배운 행복 모델은 사실 시대에 완전히 뒤떨어진다. 사람들은 성공하기 위해 열심히 일하면 행복해진다고 생각한다. 즉, 다음과 같은 순서로 행복한 삶이 이뤄진다고 믿는다.

훌륭한 업무수행 → 큰 성공 → 행복한 삶

　이 모델대로라면 공부를 열심히(훌륭한 업무수행) 해서 좋은 학점(큰 성공)을 받으면 행복한 삶을 이룰 수 있고, 열심히 스펙을 쌓아서(훌륭한 업무수행) 좋은 회사에 취직하면(큰 성공) 행복한 삶을 이룰 수 있어야 한다. 하지만 현실은 이렇게 전개되지 않는다. 이러한 행복 모델은 존재하지 않는다. 업무를 훌륭히 수행하고 큰 성공을 이

뤘을 때 우리는 또 다른, 더 높은 목표를 설정할 뿐이다. 그 다음 더 높아진 수준의 목표를 이루기 위해 더 열심히 노력한다. '석사 학위를 취득할 수 있는데 왜 학사 학위에서 멈춰야 해?', '부사장이 될 수 있는데 왜 이사직에서 멈춰야 해?', '집 두 채를 소유할 수 있는데 왜 한 채에서 멈춰야 해?' 이런 식으로는 영원히 행복에 도달할 수 없다. 행복은 점점 더 멀어지기만 할 뿐이다.

위의 공식에서 마지막에 있는 '행복한 삶'을 뚝 떼어 맨 앞으로 보내면 어떻게 될까?

행복한 삶 → 훌륭한 업무수행 → 큰 성공

이제 모든 것이 바뀐다. 정말 모든 것이 변한다. 행복해지는 것을 시작으로 하면 우선 기분이 좋아진다. 밝아진다. 더욱 열심히 일하고 협력하게 된다. 그러면 무슨 일이 일어날까? 즐거운 마음으로 일을 하기 때문에 결국 훌륭한 성과를 얻는다. 업무를 훌륭히 해내면 무엇이 따를까? 큰 성공이다. 엄청난 성취감과 함께 결과적으로 학위를 따거나 승진을 하게 되며, 주변 사람들은 당신을 자랑스러워하게 된다.

〈하버드 비즈니스 리뷰〉에 따르면, 행복한 사람들은 31퍼센트만큼 더 생산적이고, 37퍼센트만큼 더 높은 임금을 받으며, 동료에 비해 세 배 더 창의적이라고 한다. 그렇다면 행복해지기 위해 첫 번째로 반드시 해야 할 일은 무엇일까?

행복해지는 것이다. 일단 행복이 우선이다.

행복을 느끼면 배움의 세계에 눈을 뜨게 된다. 당신의 뇌는 해질 무렵 맨해튼의 마천루처럼 밝게 빛나고, 보석상 불빛 아래의 다이아몬드처럼 반짝이며, 농장의 밤하늘을 수놓은 별처럼 눈부실 것이다.

심리학자이자 철학자인 윌리엄 제임스는 이렇게 말한다.

"삶의 태도를 바꾸면 사람의 인생이 바뀐다는 사실은 전 세대를 통틀어 가장 위대한 발견이다."

《행복의 특권》의 저자 숀 아처는 다음과 같이 말한다.

"현실이 반드시 우리를 변화시키는 것이 아니라 우리의 뇌가 세상을 바라보는 방식을 통해 현실이 변한다."

윌리엄 셰익스피어 역시 이렇게 말했다.

"세상에는 좋은 것도 나쁜 것도 없으며 단지 그렇게 생각할 뿐이다."

우리의 뇌는 행복을 느끼기 어렵게
진화되어 왔다

하지만 이 모든 것들이 쉽지 않다는 사실을 모두 알고 있다. 우리의 뇌는 너무나 자주 부정적인 것들에 집중한다. 한 번 집중한 생각을 멈추는 것도 어려워 부정적인 생각에 갇혀버리는 경우가 많다. 나 역시 매번 그렇다. 솔직히 모든 이들이 똑같을 것이다.

나는 그동안 잘 알려진 동기부여 강연자들과 〈포춘〉이 선정한 글로벌 500대 기업의 CEO들, 그리고 전 세계의 정치 지도자들과 함께 무대에서 강연을 해왔다. 나를 비롯한 그들은 무대 뒤에서 무엇을 할까? 떨고 있다. 긴장한다. 혹시 실수하지 않을까 걱정한다.

우리는 모두 부정적 자아와 대화를 한다. 영원한 낙천주의자 같은 것은 없다. 이것은 문제가 아니다. 문제는 우리가 '부정적인 생각을 하지 말았어야 했다'고 생각하는 것이다.

그렇다면 우리의 뇌는 왜 부정적인 것들에 집중할까? 일단 이것을 이해하면 검증된 과학적 원리를 이용해 행복해지기 위해 스스로를 제어할 수 있으며 의식적으로 노력할 수 있다. 바로 이것이 내가 이 책에서 여러분에게 알려줄 가장 중요한 부분이다.

우선, 행복해지는 일은 왜 이렇게 힘들까? 그것은 인류가 지구상에 존재해온 20만 년 이상 동안 인간의 삶은 대개 짧고 격렬했으며 경쟁이 치열했기 때문이다. 우리의 뇌 역시 이러한 짧고 격렬하며 치열한 경쟁 세계에 맞춰 훈련되어 왔다. 그렇다면 짧고 격렬하며 경쟁이 치열한 삶은 어땠을까?

지금부터 간단한 실험을 해볼까 한다. 지금 하던 일을 멈추고 눈을 감아보자. 그리고 이 세상에 완전히 홀로 남은 것 같은 기분을 느꼈던 때를 머릿속에 그려보자. 산에서 캠핑하던 도중 모닥불 앞을 떠나 호수의 가장자리에 서 있을 때? 현장 학습 도중 반 친구가 사라지는 바람에 안개 낀 폭포에서, 온통 우거진 숲속의 나뭇잎들이 바람에 살랑거리는 소리만 들렸을 때? 해 뜰 무렵 백사장에서 굽이진 해안선을 따라 조깅을 하다가 갑자기 주위를 둘러보니 아무도 보이지 않았을 때? 그것이 언제든 혼자 남겨진 기분이 느껴졌던 그때로 되돌아가서 그때의 장면을 떠올려보자.

이제 마음속에서 다음에 나열하는 모든 것들을 세상에서 지워보자.

- 화장실
- 싱크대
- 달리기
- 물

- 자동차
- 비행기
- 책
- 종이

- 냉장고
- 샤워기
- 난로
- 전자렌지

아무것도 하지 않고도 모든 것을 얻는 법

- 컴퓨터
- 핸드폰
- 인터넷
- 침대
- 의자
- 도로
- 자전거

- 연필
- 펜
- 병원
- 의사
- 약
- 도구
- 마트

- 셔츠
- 스웨터
- 재킷
- 바지
- 양말
- 신발
- 속옷

이제 당신은 위의 것들이 하나도 없는 지구 한 가운데 홀로 서 있다. 주머니에서 핸드폰을 꺼내서 버리고, 신발과 셔츠도 벗자. 이것들은 존재하지 않기 때문이다. 모든 것을 벗어던져라. 주변에 아무것도 없이 당신은 완전히 나체가 되었다. 아무것도 존재하지 않는다. 그리고 삶이 끝날 때까지 어떤 것도 다시 생겨나지 않는다! 이제 다시 눈을 감고 머릿속으로 장면을 그려보자. 그리고 다음을 기억한다.

인류 역사의 99퍼센트 동안 세상은 이런 상태였다.
인류 역사의 99퍼센트 동안 인간의 평균 수명은 30년이었다.
인류 역사의 99퍼센트 동안 인간은 생존을 위해 끊임없이 뇌를 사용했다.

그 당시 우리는 행복했을까? 아니, 우리는 행복하기 위한 시간을 보냈을까?
더 나은 사람이 되기 위한 방법을 알려주는 온라인 사이트 '랩티

튜드Raptitude'를 운영하는 데이비드 케인은 이러한 상황을 다음과 같이 설명한다.

생존은 우리에게 안전망을 만들라고 요구했다. 우리는 충분히 소유하고 있으면서도 절대 충분하다고 느끼지 못했고, 만일 그렇지 않았다면 포식 동물이나 다른 경쟁자에 취약하게 내버려두며 현실에 안주했을 것이다. 즉, 행복을 지속하려면 지나친 위험을 감수해야 했다.

아직 소유하지 않은 것에 관한 이 같은 본능적 욕구는 지속적으로 불만족 상태를 형성한다. 이것이 없었다면 우리 조상들은 언제나 굶주림에서 벗어나기 위한, 생존을 위한 사냥에 실패하기만 했을 것이다. 이러한 간단하고 냉혹한 원리 탓에 우리는 무슨 수를 써서라도 생존에 이르도록 프로그램화되었다. 물론 이러한 프로그램은 생존에는 효과적이지만, 대신 우리 자아에는 늘 스트레스와 불화를 가져다준다. 불행은 사람들이 긴장을 늦추지 않게 하는 자연스러운 방식이다. 이는 수천 년 동안 이어져온 방법이다.

우리는 여전히 이렇게 프로그램화된 뇌를 갖고 있다. 뇌는 인쇄기와 비행기, 인터넷이 갑자기 발명되는 것처럼 갑자기 변하지 않는다. 그럼 이쯤에서 우리의 뇌는 어떻게 프로그램화되어 왔는지 좀 더 살펴보자.

연도	필요한 것	이것이 없다면
기원전 180,000년	음식과 안전	죽는다
기원전 170,000년	음식과 안전	죽는다
기원전 160,000년	음식과 안전	죽는다
기원전 150,000년	음식과 안전	죽는다
기원전 140,000년	음식과 안전	죽는다
기원전 130,000년	음식과 안전	죽는다
기원전 120,000년	음식과 안전	죽는다
기원전 110,000년	음식과 안전	죽는다
기원전 100,000년	음식과 안전	죽는다
기원전 90,000년	음식과 안전	죽는다
기원전 80,000년	음식과 안전	죽는다
기원전 70,000년	음식과 안전	죽는다
기원전 60,000년	음식과 안전	죽는다
기원전 50,000년	음식과 안전	죽는다
기원전 40,000년	음식과 안전	죽는다
기원전 30,000년	음식과 안전	죽는다
기원전 20,000년	음식과 안전	죽는다
기원전 10,000년	음식과 안전	죽는다
1년	음식과 안전	죽는다
기원 후 1000년	음식과 안전	죽는다
기원 후 2000년	행복	죽는다

'이것이 없다면 = 죽는다'가 주는 공포가 우리를 생존으로 몰고
갔다. 우리는 무슨 수를 써서라도 살아남아야 했다. 우리는 편집증

환자이자 투사였으며, 냉혹하고, 악랄하고, 잔인했다. 그리고 바로 그 공포 때문에 우리는 이곳에 존재한다. 그리고 공포 때문에 지금 이 세상에서 모든 것을 갖추고 있다. 그렇다면 이러한 공포가 오늘 날에도 여전히 우리의 뇌에 각인되어 있을까?

의사와 톰 행크스가
공통적으로 갖고 있는 한 가지

그렇다. 이러한 공포는 여전히 우리의 머릿속에 각인(프로그램화)
되어 있다. 공포는 우리의 머릿속과 마음속 어디든 존재한다.

전 세계에서 가장 성공한 배우이자 영화로 수백만 달러를 벌고 있
으며 아카데미에서 두 번이나 수상한 톰 행크스는 이렇게 말했다.

"잠자리에 들기 전, '오늘 하루 정말 잘 보냈어'라고 생각하는 사
람들도 있지만 나는 '어떻게 하루를 이렇게 망칠 수 있지?'라고 되
물으며 걱정하는 사람들 중 하나다."

오랫동안 인텔의 경영진이었던 앤디 그로브는 회사를 수십억 가
치로 올려놓은 장본인이었다. 많은 이들은 그가 1997년에 〈타임〉이
선정한 올해의 인물로 뽑히면서 실리콘밸리의 위상을 높이는 데 일
조했다고 믿으며, 스티브 잡스 또한 자신의 자서전에서 그를 우상화
하기도 했다. 그런 그는 "오직 편집광만이 살아남는다"라는 유명한

말을 남기기도 했다.

우리의 뇌는 여전히 이러한 편집증적 모델을 따르고 있다. 하지만 이것은 불행으로 가는 길이다. 어떤 이들은 이를 '의대생 증후군'이라고 부르기도 한다. 제롬 K. 제롬의 소설 《보트 위의 세 남자》에서 처음 언급된 '의대생 증후군' 개념을 한번 살펴보자.

나는 예전에 왠지 건초열일 것 같은 느낌의 가벼운 질병에 대한 치료법을 알아보러 대영박물관에 갔다. 건초열에 관한 책을 찾아 전부 읽으면서, 아무 생각 없이 페이지를 하릴없이 넘기다 보니 이 질병에 대해 전반적으로 파악하기 시작했다. 병의 '전조 증상' 목록을 반도 채 읽기 전에 그것이 정확히 내가 걸린 병이라는 사실을 깨달았다.

나는 두려움에 몸이 굳어 한동안 자리에 앉아 있다가, 절망감에 내키지는 않으나 다시 페이지를 넘겼다. 이번에는 장티푸스였는데 증상을 읽다 보니 지난 몇 달 간 나도 모르는 사이에 장티푸스에 걸린 것이 분명했다. 또 어떤 병에 걸렸는지 궁금했다. 이번에는 무도병이 눈에 들어왔다. 이것도 예상했다. 갑자기 내 병을 모두 알고 싶다는 흥미가 생긴 나는 처음부터 끝까지 샅샅이 알아보기로 결심하고 알파벳 순서대로 훑어보기 시작했다. 오한, 나는 오한에도 걸렸다. 게다가 약 2주 후면 훨씬 심각한 단계로 접어들 예정이었다.

누구나 이런 경험이 있다. 그동안 우리를 생존하게 한 것이 '문제'와 '고민'들이었기 때문에 우리는 이 세상을 문제와 그에 대한 솔루션 중심으로 살핀다. 그리고 현재 우리가 살아가는 세상도 이러한

아무것도 하지 않고도 모든 것을 얻는 법

부정적 관점의 감정만을 강화하고 키우도록 만들어졌다.

검진 결과가 나와서 진료실에 찾아가면 의사는 이렇게 말한다.

"혈당은 정상이고 콜레스테롤 수치도 좋은데 철분이 부족합니다."

이때 당신은 어떤 질문을 할까? 아마도 어떻게 철분을 늘릴지 의사에게 물을 것이다. 혈당이나 콜레스테롤 수치는 관심 밖이 된다. 건강할 때도 건강을 유지하기 위한 노력을 계속 해야 하는데 말이다.

소매점 관리자는 오전에 올라온 보고서에서 평균 이하의 수치를 발견하면 그것을 특별 관리하기 시작한다. 만약 그 보고서에서 방문 고객수가 충분하고, 장바구니 크기도 적당하지만, 계산대 소요 시간이 평균보다 오래 걸린다고 한다면 경영자는 어떤 대책을 세울까? 계산대와 인원을 늘릴 것이다. 이미 평균이 달성된 부분의 개선 작업은 하지 않는다.

교실에서는 선생님이 성적표를 나눠주면서 반평균 이하의 학생들에게는 특별 추가 수업을 실시한다. 그리고 그들은 시험을 통과하지 않으면 유급된다. 그래서 그들은 추가 수업, 개인 교습, 보충 시험 등 관리를 받기 시작한다. 하지만 왜 만점을 받은 학생들에게는 그 어떤 추가 도전도 권하지 않을까?

직장에서도 다르지 않다. 우리는 직장에서 직무평가를 받는다. 기대보다 낮은 평가를 받으면 어떤 일이 발생할까? 업무 개선 계획을 짜고, 상사와의 추가 면담이 기다리고 있으며, 필요한 교육에 참여해야 한다. 성과가 좋으면 어떤 일이 일어날까? 연봉은 오르겠지만 그걸로 끝이다. 칭찬과 격려를 받기는 힘들다.

우리의 뇌는 좋은 성과를 개선하기보다 문제를 찾고, 문제를 발견하고, 문제를 개선하는 것에 익숙해져 있다. 이처럼 우리는 세상을 문제 중심으로 살피기 때문에 우리가 보는 세상은 때로는 '문제'가 전부다. 그렇다면 우리는 앞으로 어떻게 해야 할까?

　　　　　　　　　　　　　아무것도 하지 않고도 모든 것을 얻는 법

과연 행복을
내 마음대로 조절할 수 있을까?

아리스토텔레스는 "행복은 우리 자신에게 달려 있다"고 말했다. 빅터 프랭클은 "한 인간에게 모든 것을 빼앗을 수 있어도 단 한 가지, 즉 어떠한 상황이 닥칠지라도 삶의 방식과 태도를 선택하는 인간의 자유만은 결코 빼앗을 수 없다"라고 말했다. 월트 휘트먼은 "늘 태양 쪽을 바라보면 그림자가 당신을 뒤따라올 것이다"라고 말했다.

나는 이들의 명언을 사랑한다. 하지만 이를 실천하려면 어떻게 해야 할까? 지금부터 태도의 중요성을 입증하는 과학적 증거와 우리의 태도를 관리하는 데 전념할 수 있도록 해주는 특정 행동에 관해 살펴보자.

나의 아내가 16세가 되는 해에 그녀의 할머니는 월마트 창업자 샘 월튼의 글을 그녀에게 선물했다. 그 글은 다음과 같다.

인생을 오래 살아갈수록 태도가 인생에 미치는 영향력을 더욱 깨닫게 된다. 내게 태도는 사실보다 더 중요하다. 과거보다, 교육보다, 돈보다, 환경보다, 실패보다, 성공보다, 다른 사람들이 생각하거나 말하거나 하는 것보다 더욱 중요하다. 또한 외모와 재능, 혹은 기술보다도 더욱 중요하다.

태도는 회사, 교회, 가정, 그리고 우정을 만들거나 파괴하기도 한다. 놀라운 것은 하루를 어떻게 받아들일지에 관한 태도를 우리가 선택할 수 있다는 사실이다. 우리는 과거를 바꿀 수 없다. 사람들이 특정한 방식으로 행동할 거라는 사실을 바꿀 수 없다. 불가피하게 일어나는 일을 바꿀 수 없다. 우리가 할 수 있는 유일한 일은 몸에 지니고 있는 태도로 행동하는 것뿐이다. 인생은 어떤 일이 일어났는지에 따라 10퍼센트, 그리고 내가 그것에 어떻게 대응하는지에 따라 90퍼센트가 결정된다고 확신한다. 당신도 마찬가지다. 우리는 우리의 태도를 결정할 책임이 있다.

이 글에서 가장 놀라운 구절이 어디일까? 바로 "인생은 어떤 일이 일어났는지에 따라 10퍼센트, 그리고 내가 그것에 어떻게 대응하는지에 따라 90퍼센트가 결정된다고 확신한다"이다.

캘리포니아 대학의 심리학 교수인 소냐 류보머스키도 《행복도 연습이 필요하다》에서 우리의 행복이 얼마만큼 환경에 기반을 두고 있는지 전하고 있다. 바로 10퍼센트다. 환경은 행복에 단 10퍼센트만 영향을 준다는 것이다.

즉, 행복의 90퍼센트는 세상에서 일어나는 일에 달려 있지 않다. 바로 우리가 세상을 어떻게 보는지에 달려 있다. 그렇다면 90퍼센트에는 어떤 것이 포함될까? 바로 유전적 성향과 의도적 행동이다. 의도적 행동이 중요하다. 이것의 의미는 크다. 행복감을 높이기 위해 할 수 있는 명확한 일들이 있다. 그리고 그러한 일들만으로 인생에서 일어나는 그 어떤 일보다 우리의 행복에 정확히 네 배만큼 많은 영향을 끼친다.

다르게 표현해보자. 만약 내가 당신 인생에 관련된 모든 환경, 즉 직업, 건강, 결혼 여부, 소득을 알고 있다고 하더라도 당신 행복의 오직 10퍼센트만 예측할 수 있다. 바로 이것이다! 행복을 구성하는 나머지 수치는 외부 세계에 의한 것이 아니라 당신의 뇌가 처리하는 방식에 의해 결정된다.

지금 당장 행복해지는
일곱 가지 방법

그렇다면 행복해지려면 어떻게 해야 할까? 나는 수백만 건의 연구 결과를 샅샅이 살펴 당신의 뇌를 행복하게 훈련시켜줄 일곱 가지 대표적 방법을 찾았다. 이들 연구는 대부분 저널이나 학회 기조연설, 보고서에서 다뤄져왔지만, 여러분과 공유하기 위해 여기서 소개한다.

다음의 일곱 가지 중에서 어떤 것이라도 2주 동안 꾸준히 실천한다면 당신은 행복을 느낄 것이다.

1. 세 번 산책하기
2. 20분간 떠올리기
3. 무작위로 친절한 행동하기
4. 완전히 게을러지기

5. 강하게 몰입하기

6. 2분간 명상하기

7. 감사한 일 다섯 가지 떠올리기

세 번 산책하기

펜실베이니아 주 연구원들은 〈스포츠와 운동 심리학 저널Journal of Sports & Exercise Psychology〉에 신체적으로 활동적인 사람일수록 흥분과 열정의 감정을 많이 느낀다고 발표했다. 아마다 히이드 연구원은 "신체적으로 더욱 활동적인 사람들이 그렇지 않은 사람들보다 기쁨의 감정이 더욱 활성화되며, 이러한 감정은 평소보다 더 신체적으로 활동적인 날 좀 더 증가한다는 사실을 발견했다"라고 전했다.

오래 걸리는 것도 아니다. 일주일에 30분씩 세 번의 짧은 산책으로도 행복감이 올라간다. 미국심신의학학회 역시 30분씩, 세 번의 산책이나 조깅으로 임상 우울증이 개선된다는 사실을 증명한 논문을 실었다. 이 세 번의 산책이나 조깅이 약물, 혹은 약물과 운동의 결합을 이용한 연구보다 훨씬 효과적인 결과를 만들어낸다는 것이다.

20분간 떠올리기

20분 동안 긍정적인 경험을 써보는 것만으로 행복감은 급격히 향상된다. 왜 그럴까? 긍정적인 경험을 작성하면서 실제로 그때의 경험을 상기하게 되므로, 이후 그것을 읽을 때마다 다시 그때를 체험하기 때문이다. 당신의 뇌가 당신을 그 당시로 데려다주는 것이다.

텍사스 대학의 리처드 슬래처와 제임스 페니베이커 연구원은 '당신을 사랑하는 이유를 글로 써보세요'라는 실험을 진행하면서 커플 중 한 사람에게 하루 세 번 씩 20분 동안 자신들의 관계에 대한 글을 작성하게 했다. 다른 실험 그룹과 비교했을 때 그 커플은 이후 친밀한 대화를 나눌 가능성이 더욱 높아졌으며 관계도 오래 지속될 가능성이 높아졌다.

무작위로 친절한 행동하기

일주일에 다섯 가지 친절한 행동을 무작위로 실행하면 행복감이 엄청나게 높아진다. 우리는 다른 사람에게 커피를 사주고, 이웃의 잔디를 깎고, 크리스마스에 아파트 경비원에게 감사카드를 쓰는 것을 자연스럽다고 생각하지 않는다. 하지만《행복도 연습이 필요하다》의 저자 소냐 류보머스키가 스탠포드 학생들에게 일주일 동안 다섯 가지의 친절한 행동을 무작위로 하게 하는 연구를 진행한 결과, 그들은 다른 실험 그룹보다 훨씬 높은 행복 수준에 올랐다. 왜일까? 그 행동을 하면서 스스로 좋은 감정을 느낀 것이다. 심리학 교수 마틴 셀리그만은 저서《플러리시》에서 "과학자들은 친절한 행동을 하는 것이 지금껏 실험해왔던 어떤 행복 연습보다 행복의 순간적인 증가가 가장 높게 나타난다는 사실을 발견했다"고 전했다.

완전히 게을러지기

행동심리학자인 짐 로허와 토니 슈워츠는 공동 집필한《몸과 에너지 발전소》에서 "가장 부유하고 행복하며 생산적인 삶은 짧은 시간

내에 도전에 완전히 몰입하는 능력에 따라 결정되지만, 주기적으로 내려놓고 재충전하는 능력에 따라서도 결정된다"고 말한다.

캔자스 주립대학에서 진행한 연구 역시 일을 마친 뒤의 '완전한 휴식'이 다음 날을 위한 재충전에 도움을 준다는 것을 알아냈다. 저녁 시간 이후에는 핸드폰 전원을 끄고 휴가 중에는 인터넷을 사용하지 말자. 이보다 훨씬 많은 것들이 있지만 6장에서 이에 관한 더욱 다양한 이야기를 할 것이다.

강하게 몰입하기

미하이 칙센트미하이는 몰입의 순간을 "행위 자체를 위해 완전히 몰두한다. 자신이 서서히 사라진다. 시간이 쏜살같이 흐른다. 모든 행동과 움직임, 생각이 마치 재즈를 듣는 것처럼 필연적으로 전 단계에서 다음으로 흐른다. 온전한 자신 자체에 몰두하면서 할 수 있는 한 최대로 기술을 이용한다"라고 표현한다. 그는 저서 《몰입, 미치도록 행복한 나를 만난다》에서 다음 그림을 이용해 이것을 설명한다.

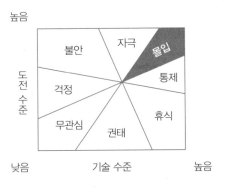

2분간 명상하기

매사추세츠 주 종합병원 연구팀은 〈정신의학 연구Psychiatry Research〉에 사람들이 마음챙김 명상 강좌에 참여하기 전과 후 뇌 스캔을 관찰한 결과를 게재했다. 어떤 일이 일어났을까? 강좌에 참여한 후 연민과 자기인식에 관련된 뇌 부위는 늘어난 반면 스트레스에 관련된 뇌 부위는 줄어들었다. 연구에 따르면 명상은 행복 수준을 올리기 위해 당신의 뇌를 영구적으로 변화시킬 수 있다고 한다.

감사한 일 다섯 가지 떠올리기

지난 2003년 심리학자 로버트 에몬스와 마이클 맥컬러프는 학생들에게 지난 10주간 일어났던 일 중 감사한 일 다섯 가지와 귀찮은 일 다섯 가지, 혹은 다섯 가지 사건을 적어보라고 했다. 어떤 일이 발생했을까? 다섯 가지의 감사한 일을 작성했던 학생들은 더욱 행복해지고 신체적으로도 건강해졌다. 찰스 디킨스는 이를 다음과 같이 잘 표현했다.

"사람들이 조금 갖고 있는 과거의 불행을 떠올리지 말고, 모든 사람들이 많이 갖고 있는 현재의 축복을 생각하라."

이것이 바로 지금 당장 행복해질 수 있는 일곱 가지 방법이다. 당신은 이제 '우선 행복해지는 것'이 중요하다는 사실을 알게 되었을 것이다. 그리고 행복에 이르는 일곱 가지의 방법도 알았다. 차를 운전하고, 공을 던지고, 물구나무를 서는 것처럼 행복해지는 방법도

아무것도 하지 않고도 모든 것을 얻는 법

배울 수 있다는 것을 명심하자.

최고가 되었을 때 행복해지는 것이 아니다. 행복해지기 위해 최선을 다해야 행복해진다.

우선 행복해져라

2장

내 삶에 타인의 비판이
발도 들여놓지 못하게 하는 법

오직 내적 목표만이
더 나은 사람으로 만들 수 있다

어느 날 블로그에 접속하니 내 블로그 방문자 수가 5만 17명이었다. 그 숫자를 보자마자 심장이 쿵쿵대고 손바닥에 땀이 났다. 내가 꿈을 꾸고 있나? 새로고침 버튼을 몇 번씩 누르고 볼을 꼬집고 나서 다시 화면을 쳐다봤다. 방문자 수가 이제 5만 792명이 됐다. 30초 동안 700명의 사람이 내 블로그를 방문한 것이다. 심장이 점점 더 빨리 뛰었다.

나는 불과 4주 전부터 블로그 '세상에서 가장 신나는 이야기 1,000가지1000awesomethings.com'에 글을 쓰기 시작했다. 블로그에 글을 쓰기 시작하면서 간단한 목표 하나를 설정했다. 1,000일 동안 쉬지 않고 1,000개의 신나는 일을 쓰겠다는 거였다.

처음 2주 동안 브로콜리와 콜리플라워의 교배종과 감자튀김 부스러기에 대해 작성하고 나니 블로그 페이지 한쪽 옆에 있는 방문자

수가 눈에 들어오기 시작했다. 그 숫자는 얼마나 많은 사람들이 내 블로그에 방문했는지 보여줬다. 7명이었다가 20명이었다가 수십 명이었다가 100명까지 늘었다. 나는 숫자가 올라가는 것을 지켜보는 일에 완전히 빠졌다. 그래서 스스로 다른 목표를 세웠다. 방문자 수 5만을 달성하기로 결심했다. 그로부터 몇 주 후 980번 글인 '낡고 위험한 놀이터 찾아가기'가 좋은 반응을 얻으며 방문자 수 5만이라는 목표를 달성했다.

그러나 곧이어 방문자 수 5만이 너무 적게 느껴졌다. 5만을 달성하는 일이 생각보다 쉬웠기 때문이었을까? 그래서 새로운 목표를 설정했다. 방문자 수 100만! 나는 이 목표를 달성하기 위해 매일 글을 작성하면서 이메일 서명과 온라인에 남긴 블로그 댓글에 링크를 추가했다. 블로그 홍보 스티커를 인쇄해 사람들에게 나눠주기도 했다. 몇 달이 눈 깜짝할 사이에 지나가고 드디어 방문자 수 100만을 달성했다.

며칠 동안 100만 달성이라는 기쁜 감정을 즐겼지만 금세 최고의 블로그는 단순히 방문자 수 100만 달성이 전부가 아니라는 사실을 깨달았다. 몇몇 최고의 블로그는 방문자 수 1,000만을 달성했을 뿐 아니라 책이나 영화로도 나왔다. 내가 애초에 목표를 지나치게 낮게 설정했던 걸까? 방문자 수 100만을 달성해도 아무 일도 발생하지 않았다. 나는 실제로 영향력을 얻는 것이 필요했다. 그래서 새로운 목표를 세웠다. 방문자 수 1,000만 달성으로.

6개월 동안 계속 글을 썼다. 일이 끝나면 음식을 포장해와서 밤늦게까지 매일 컴퓨터 앞에 앉아 있었다. 다음 포스트를 작성하고, 이메일에 답변해주고, 지역 라디오와 TV방송국의 인터뷰를 하기 시작했다. 그리고 토론토의 블로그 스타로 첫 페이지를 장식하기도 했다. 이때쯤 올린 몇몇 글에 사람들이 좋은 반응을 보였고, 블로그를 시작한 지 9개월이 되던 때 갑자기 방문자 수 1,000만을 달성했고, 세계에서 가장 우수한 블로그로 상을 두 번 받았으며, 저작권 에이전트로부터 내 블로그를 책으로 옮기는 것을 제안받기도 했다.

일단 저작권 에이전트가 생기자 출판업계에 대해 알아보기 시작했다. 미국에서 매년 30만 권이 넘는 책이 출판된다는 사실을 알았다. 그리고 전 세계적으로 한 해에 100만 권 이상의 책이 출판된다는 사실도 알았다. 불현듯 책을 출간하는 일이 그렇게 특별한 일까지는 아니라는 생각이 들었다. 매년 100만 명의 사람이 하고 있는 일이니까.

베스트셀러 목록을 보니 10~20권 정도의 책만 올라 있었다. 계산해보면 매년 오직 몇백 권의 책만 베스트셀러 목록에 오르는 셈이다. 전체의 0.01퍼센트도 안 된다. 그래서 나는 새로운 목표를 세웠다. 내 책을 베스트셀러로 만들고 싶었다. 내 책이 상위 0.01퍼센트 안에 들게 하고 싶었다.

나는 일간지 〈글로브 앤 메일The Globe and Mail〉이 매주 주말마다 게재하는 베스트셀러 목록을 확인하기 시작했다. 이들 책의 공통점은 무엇인지, 어떻게 훌륭한 책이 되었는지, 어떻게 책이 많이 팔렸는지 알아봤다. 그리고 다음 해부터 역시나 매일 블로그를 작성하고 동시에 책을 쓰면서 책 출간 계획에 본격적으로 착수했다. 책을 쓰는 1년 내내 내 책이 베스트셀러 목록에 올라야 한다는 강박에 사로잡혔다. 이는 내가 늘 원하고, 생각하고, 말하던 것이었다. 그리고 드디어 책이 출간되는 운명의 날이 왔다.

나는 아침 일찍 일어나 인터뷰를 끊임없이 진행했다. 블로그에 '꿈이 실현될 때'라는 글을 특별히 작성해서 올렸다. 내 목소리는 갈라졌고 다크서클은 눈 밑까지 내려왔다. 전날 밤 잠도 3~4시간 밖에 못 잤다. 그리고 드디어 다음 일요일 아침 신문에 기사가 나왔다. 내 책이 베스트셀러 목록 2위에 올랐다! 꿈이 실현됐다. 행복하게 잠자리에 들었다. 나는 목표를 달성했다. 출판사 또한 흥분을 감추지 못했다. 그들은 기뻐서 계속 이 분위기를 이어가자고 했다.

다음 날 아침에 일어나 베스트셀러 목록을 다시 살펴봤다. 내 책은 1주 동안 베스트셀러 목록에 있었기 때문에 제목 옆에 '1'이라고 쓰여 있었다. 20주 혹은 30주 동안 목록에 올라와 있는 다른 책들이 눈에 띄었다. 모두 저력 있는 책들이었다. 불현듯 나는 베스트셀러 목록에 진입한 것이 내 진정한 목표와는 거리가 멀다는 사실을 깨달았다. 이 책이 성공하기를 원했다. 1주로 그치는 것이 아니라 꾸준히 베스트셀러 목록에 남아 있기를 원했다. 〈뉴욕타임스〉 베스트셀러 1위에 오르기를 원했다.

결국 나의 첫 책《행복 한 스푼》은 베스트셀러 1위에 올랐고, 그때부터 5주, 10주, 50주 동안 머무르더니 100주 동안 그 자리를 지켰다. 외국 출판사들은 이 책을 독일어, 한국어, 프랑스어, 독일어, 포르투갈어로 번역했다. 〈뉴욕타임스〉 베스트셀러 목록에도 올랐다. 나는 〈투데이쇼〉, 〈얼리쇼〉, CNN, BBC에 출연했다. 드라마 〈오피스〉와의 텔레비전 방영권 옵션, 대형 영화 제작자와의 판권 계약, 그리고 또 다른 계약서를 작성했고, 또 다른, 또 다른… 내가 해냈다! 드디어 목표에 도달했다.

그제야 비로소 웃기 시작했다. 긴장을 풀었다. 그리고 그제서야 3년 동안 작은 침대에 홀로 누워 서너 시간만 잠을 자고, 매끼 배달 음식을 시켜먹으며, 눈 밑까지 다크서클이 내려오고, 친구들과 연락도 못하면서 지냈던 그동안의 내 생활을 별안간 깨달았다.

내가 이뤄낸 외적 목표가 얼마나 많은지와 상관없이 나는 단지 목표를 계속 설정할 뿐이었다. 그리고 내가 더 나은 사람이 되는 것에는 외적 목표가 도움이 되지 않았다는 사실도 깨닫기 시작했다. 오직 내적 목표만이 나를 더 나은 사람으로 만들 수 있다.

꿈의 직업이
최악의 직업이 되는 이유

루즈벨트 대통령은 다음과 같은 유명한 말을 남겼다.

중요한 사람은 평론가, 즉 강인한 이들이 왜 휘청거리고 행동가들이 어떻게 하면 더 잘할 수 있었는지 지적하는 사람이 아니다. 칭찬은 실제로 무대 위에서 행동하는 사람, 다시 말해 실수와 결점이 없는 노력은 없으므로 실수하고 끊임없이 곤경에 처하더라도 먼지와 피와 땀으로 범벅이 되어 용감하게 싸우고, 실제로 그 행위를 하려고 노력하고, 위대한 열정과 헌신의 가치를 알고, 훌륭한 일을 위해 시간을 보내며 결국 큰 성공을 이루는, 혹여나 최악의 경우 실패하더라도 승리도 패배도 모르는 차갑고 소심한 마음을 절대 갖지 않도록 매우 대담하게 대처하는 사람의 몫이다.

무대 위의 사람에게 동기를 부여하는 것은 무엇일까? 그는 왜 그토록 열심히 일할까? 우선 동기에는 두 가지 종류, 즉 본질적 동기와 외부적 동기가 있다. 본질적 동기가 내적 동기다. 이것은 '원하기 때문에' 하는 것이다. 외부적 동기는 외적 동기다. 이때는 '얻는 것이 있기 때문에' 하는 것이다. 어느 쪽의 성과가 더 좋을까?

연구에 따르면 일을 해서 얻는 보상의 가치를 소중하게 여기기 시작할 때 우리는 일을 하는 것에 대한 내적 흥미를 잃는다고 한다. 글자 그대로 흥미를 잃는다는 것은, 마치 우리가 가진 흥미를 마음속 깊은 곳에서 완전히 잃어버리고 각자의 뇌 밖으로 숨기는 것과 같은데, 이는 빛나는 외적 보상을 가장 중심에 놓으면 그것이 우리가 바라는 것의 새로운 목적이 되기 때문이다.

브랜다이스 대학의 테레사 애머빌 박사는 초등학교와 대학교 학생들을 대상으로 실험을 했다. 그녀는 학생들에게 '우스꽝스러운 콜라주'를 만들어 이야기를 지어내라고 했다. 어떤 학생에게는 결과에 따라 보상을 주겠다고 했고, 다른 학생에게는 아무 말도 하지 않았다. 어떤 일이 발생했을까? 결과에 따르면 보상을 약속 받은 학생들의 작품이 가장 창의적이지 않았다고 한다. 애머빌 박사는 그에 대해 "일반적으로 보상 때문에 하는 일은 순수한 관심으로 하는 일에 비해 덜 창의적인 결과가 나오게 됩니다"라고 말했다.

맞는 말이다. 당신을 위해 일을 하지 않으면, 그 일을 잘할 수 없다. 물론 단순히 보상을 받는다고 해서 결과의 질을 떨어뜨리는 것은 아니다. 브랜다이스 대학과 보스턴 대학에서 진행한 또 다른 연구에서는 창의적인 작가 72명을 세 그룹으로 나눠서 각각의 그룹에게 시를 쓰게 했다. 첫 번째 그룹에게는 선생님들을 감명시킬 수 있

아무것도 하지 않고도 모든 것을 얻는 법

는, 돈을 벌 수 있는, 좋은 대학원에 들어갈 수 있는 등의 외적 동기를 충족시킬 수 있는 시를 쓰게 했고, 두 번째 그룹은 스스로의 감정을 즐기고, 단어를 재밌게 갖고 놀 수 있는, 즉 내적인 본질적 동기를 충족시킬 수 있는 시를 쓰게 했다. 그리고 세 번째 그룹에게는 어떤 이유도 부여하지 않았다. 12명의 심사위원이 작품을 평가한 결과, 외적 동기로 시를 쓴 그룹의 작품이 가장 낮은 평가를 받았다.

아동 발달 전문 에릭슨 고등연구소의 전 소장 제임스 가바리노는 이러한 현상에 의문을 품고 다음과 같은 연구를 진행했다. 그는 5학년과 6학년 여학생들을 어린 아이들의 가정교사로 고용했다. 일부 학생에게는 이 일을 잘 하면 공짜 영화 티켓을 준다고 했고, 나머지 학생들에게는 아무런 조건을 부여하지 않았다. 무슨 일이 벌어졌을까? 공짜 영화 티켓을 제안 받은 학생들은 아이들과 생각을 주고받는 데 오랜 시간이 걸렸고 쉽게 좌절했으며, 결국 다른 이를 돕는 감정만으로 일을 수행한 학생들에 비해 훨씬 성과가 낮았다.

나는 이 같은 연구 결과를 보고 놀라기도 했지만 한편으로는 이해할 수 있었다. 나는 대학 4년 내내 매주 일요일마다 퀸스 대학 학생들이 발행하는 코믹 신문에 수록할 기사를 작성했다. 그 일을 하면서 한 푼도 받지 않았지만 늘 진심으로 유쾌한 친구들과 어울리며 함께했기 때문에 기사를 작성하는 매 순간이 굉장히 즐거웠다. 나는 그 일을 너무나 사랑했기에 대학 생활 마지막 여름에는 뉴욕에서 희극 쓰는 일을 시작했다. 뉴욕의 로어 이스트 사이드에 방을 얻고, 〈심슨〉과 〈새터데이 나이트 라이브〉의 작가와 함께 브루클린의 아파트에서 일을 시작했다.

내가 사랑하는 일을 하면서 돈을 번다는 사실은 믿을 수 없이 기쁜 일이었다. 하지만 그 일은 내 생에 가장 힘든 일이 되기도 했다. 때에 따라서는 특정 독자를 위해 "오후 4시까지 실연당한 것의 좋은 점"에 대해 800자를 작성해야 할 때도 있었다. 점점 친구들과 농담하며 즐겁게 글을 쓰는 시간은 줄었고, 꽉 짜여진 시간과 마감에 대한 압박들로 결국 희극을 쓰는 것에 대한 흥미도 점점 사라져갔다. 그리고 다시는 돈을 벌기 위해 그 일을 하지 않기로 결심했다.

블로그에 글을 쓰기 시작하면서 나는 절대로 블로그에 광고를 올리지 않겠다고 결심했다. 사실 광고를 하면 효과적일 수 있다. 방문자 수도 더 쉽게 높일 수도 있다. 하지만 그런 것들은 내가 글을 쓰는 본질적 이유를 사라지게 만들었을 것이다. 그러나 나는 외적 동기를 계속해서 무시할 정도로 현명하지는 못했다. 여전히 계속 방문자 수를 확인하고, 웹사이트 수상과 베스트셀러 목록을 신경 쓰기도 했다.

나는 이처럼 외적 동기가 내적 동기를 죽이는 현상을 조사하기 시작했고 이러한 현상이 사실임을 보여주는 연구를 끊임없이 찾았다.

로체스터 대학의 에드워드 데시 교수는 학생들에게 퍼즐을 풀도록 했다. 일부 학생들에게는 다른 학생들과 경쟁하고 있다고 말했고, 나머지 학생들에게는 아무 말도 하지 않았다. 어떤 일이 발생했을까? 다른 이들과 경쟁하고 있다고 들은 학생들은 누군가 퍼즐을 먼저 끝내자 이미 경쟁에서 탈락했다고 생각하며 하던 일을 멈췄다. 퍼즐을 풀 이유를 상실한 것이다. 하지만 다른 이들과 경쟁한다는 점을 몰랐던 학생들은 다른 학생이 먼저 퍼즐을 끝내도 계속 퍼즐을 풀었다. 다른 사람들과 경쟁하고 있다고 느끼지 않을 때야말로 자기 자신과의 경쟁을 할 수 있는 것이다. 그러면 어떤 일이든 자신이 하는 일을 더욱 즐겁게, 더욱 잘할 수 있게 된다.

이와 같은 교훈이 담긴 일화를 하나 들려주려 한다. 한 노인은 매일 집 앞 현관에 앉아 편안한 시간을 보냈다. 단, 초등학교 수업이 끝나는 종소리가 들리고 이웃 꼬마들이 그의 현관 앞을 지나가면서 복도에서 그를 놀리기 전까지는 그랬다. 그러던 어느 날 노인의 머릿속에 어떤 계획이 떠올랐다. 그는 아이들에게 다음 날 이곳으로 와서 욕을 하면 한 명당 1달러씩 준다고 제안했다. 아이들은 신이 났고, 다음 날 다시 돌아와서 크게 욕을 했다. 그리고 그는 아이들에게 1달러씩 나눠줬다. 그러고는 아이들에게 다음 날 다시 와서 욕을 크게 했으면 좋겠다고 하며, 그러나 이번에는 25센트씩만 줄 수 있다고 했다. 다음날 아이들은 다시 와서 욕을 크게 했고, 그는 그들에게 25센트씩 나눠줬다. 아이들이 떠나기 전, 그는 앞으로는 수요일에만 한 사람당 1페니씩 줄 수밖에 없다고 말했다. "에잇, 이제 재미없다." 그들이 말했다. "겨우 그거 받느니 그만두는 게 낫지." 그리고 아이들은 다시는 그를 괴롭히지 않았다.

성공의 세 가지 유형,
당신이 원하는 성공은 무엇인가

"어떻게 하면 성공할 수 있나요?"

나는 내 옆에 앉은 열정적인 50대 여성을 보고 미소를 지었다. 우리는 비영리단체 SHAD 저녁 만찬에 함께 앉아 있었고, 이사회 의장은 활짝 웃으며 우리를 소개했다.

"100만 부 이상 책이 팔린 〈뉴욕타임스〉 베스트셀러 작가 닐과 작가가 꿈인 낸시를 소개합니다!"

나는 그녀의 밝고 빛나는 얼굴을 보며 웃고 있었다. 그녀는 몇 년간 아무에게도 보여주지 않은 소설을 쓰고 있다는 얘기를 내게 살짝 전하며 조심스럽게 질문을 던졌다.

"당신이 성공한 비법은 무엇인가요?"

갑작스런 질문에 나는 잠시 생각하다가 "펜을 갖고 있나요?"라고 냅킨을 집으며 그녀에게 물었다.

아무것도 하지 않고도 모든 것을 얻는 법

"간단하게 그려서 보여줄게요."

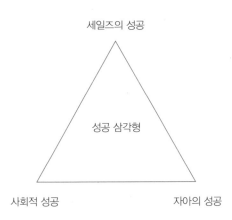

그림을 보여주며 "성공에는 세 가지 유형이 있어요. 내가 그것들을 이 '성공 삼각형' 세 모서리에 각각 써 넣었어요. 이것을 깨닫기까지 정말 오랜 시간이 걸렸죠. 첫 번째 단계는 실제로 당신이 원하는 성공의 유형이 무엇인지 파악하는 겁니다"라고 말했다.

작가로 예를 들어보자. '세일즈의 성공'은 판매와 관련 있다. 이것은 예를 들면 당신의 책이 상업적으로 성공하는 것을 의미한다. 모든 사람들이 책을 읽고 책의 내용에 관해 이야기하며, TV에 출연하고, 100권, 1,000권, 그리고 100만 권이 팔리고, 당신에게 인세 수익이 끝도 없이 들어오는 게 바로 세일즈의 성공이다.

'사회적 성공'은 동료들 사이에서의 성공을 의미한다. 동료들이 당신을 존경하고, 당신이 몸담고 있는 출판계가 당신을 소중히 여기며, 〈뉴욕타임스〉가 당신의 책을 비평하고, 맨부커상 후보 목록에 오른다. 영향력 있는 작가인 당신을 존경하는 사람들이 메일을 보내오고, 당신은 날아갈 것 같은 기분이 드는 것 등이 바로 사회적 성공이다.

'자아의 성공'은 당신의 머릿속에 있다. 이것은 보이지 않는다. 오직 당신만이 이것을 이뤘는지 알 수 있다. 자아의 성공은 당신이 이루고 싶었던 것을 성취했다는 사실을 의미한다. 당신 자신을 위해. 당신은 자신의 업적을 진심으로 자랑스럽게 여기고, 성과물에 대해 행복하다고 느낀다. 그리고 가장 중요한 것, 당신은 만족한다. 아무 것도 원하지 않는다. 그저 만족을 느낀다. 어떤 사람들은 자아의 성공이 없다면 아무리 많은 판매나 사회적 성공도 결코 의미 있게 느껴지지 않는다고 믿는다.

이러한 성공의 세 가지 유형은 모든 업계와 직업, 그리고 삶의 측면에도 적용된다. 성공은 1차원적인 것이 아니므로, 당신은 원하는 성공의 유형을 반드시 결정해야 한다.

만약 마케팅 업계에 종사한다면? 이 경우 세일즈의 성공은 회사의 제품이 날개 돋친 듯 팔리고, 매상이 지붕을 뚫고 급성장하며, 판매량이 예측 분을 훨씬 뛰어넘는 것을 의미한다. 사회적 성공은 명망 있는 잡지에 글을 써달라는 요청을 받는 것을 의미한다. 수상 후보에 오르고, 회사 미팅에서 CEO에게 인정을 받는다. 자아의 성공은? 이것은 똑같다. 이뤄낸 성과에 대해 자신이 어떻게 생각하는지이다.

교사라면? 이 경우 세일즈의 성공은 교감이나 교장 등 승진을 제안받는 것을 의미한다. 사회적 성공은 학회에서 프레젠테이션을 하고, 신입 교사들의 멘토 역할을 하며, 교장이 자신의 업적에 관해 이야기하는 것을 의미한다. 자아의 성공은? 이것은 역시 똑같다. 자신이 성과에 대해 어떻게 느끼는지이다.

그런데 여기에는 문제가 있다. 세 가지 성공을 모두 얻는 것은 불가능하다. 그것을 염원해야 한다고 생각하지도 않는다. 최소한 처음은 그렇다. 만약 매우 오랜 시간 동안 성공의 한 유형을 이루고, 그 다음 오랜 시간 동안 또 다른 성공을 이루면, 다음 단계인 세 번째 유형의 성공을 이룰 수 있다. 그렇게 앞으로 나아가면서 세 가지 성공을 이루려고 노력하는 것이다. 하지만 실제로 성공 삼각형의 두 모서리가 세 번째 성공을 자주 가로막는다. 왜 그럴까?

우선 세일즈의 성공이 자아의 성공을 가로막는 경우를 보자. 나의 경우 블로그 방문자 수와 베스트셀러 목록에 완전히 빠졌을 때 발생했다. 내 개인적 목표가 눈에 띄지 않는 것에서 분명히 보이는 상업적 목표로 갑자기 옮겨간 것이다. 자아의 성공을 위해서는 반드시 마케팅 전략이 필요하지는 않지만, 판매나 사회적 성공은 그렇지 않다. 딸을 위해 구운 생일 케이크, 맨손으로 만든 뒤뜰 목재 테라스… 당신은 이러한 노력에 대해 인세 수익이나 평론가들의 논평을 기대하지 않는다. 케이크, 목재 테라스를 팔려고 노력하지도 않는다. 물론 그럴 수도 있지만 그것은 당신의 목표가 아니다.

사회적 성공이 세일즈의 성공을 가로막기도 한다. 예를 들어 내가 제일 좋아하는 영화 중 하나인 〈허트 로커〉는 손에 땀을 쥘 만큼 긴박하고 극적인 스토리로 스크린에 빨려 들어갈 것만 같은 재미로 아카데미 시상식에서 작품상을 수상했다. 이보다 더 큰 영광은 없다! 하지만 국내 박스오피스 흥행 수입은 1,700만 달러였다. 같은 해에 개봉한 〈앨빈과 슈퍼밴드2〉는 총 2억 1,900만 달러를 벌어들였다. 당신이라면 둘 중 어떤 영화를 만들 것인가? 이때 성공의 세 가지 유형 중 원하는 것이 무엇인지 먼저 파악하는 것이 중요하다.

아무것도 하지 않고도 모든 것을 얻는 법

당신의 사랑을 가장 필요로 하는 사람은
바로 당신 자신이다

지금까지의 내용을 통해 우리는 타인의 비판에 신경 쓰지 말아야 한다는 것을 알았다. 오로지 자신을 위해 일을 해야 한다는 것도 알았다.

합기도의 창시자 우에시바 모리헤이는 이렇게 말했다.

"동료들을 '좋은 사람'과 '나쁜 사람'으로 구분하는 순간, 당신은 가슴에 온갖 악이 들어올 수 있는 구멍을 만듭니다. 남들을 시험하거나 비난하고 그들과 경쟁하는 것은 스스로를 약하게 합니다."

그렇다면 우리는 왜 그토록 외부의 평가에 관심이 많을까? 왜 순위를 매기고, 결과에 연연하며, 자신의 의견보다 다른 사람의 의견에 신경을 쓸까? 여기에는 근본적인 문제가 있다. 바로 부족한 자신감과 자기 판단이다. 우리는 머릿속에서 쉽게 길을 잃고 여러 충고가 뒤섞인 혼란스러움을 자주 느끼기 때문에 보이는 대로 따라가기 쉽다. 근본적인 문제는 바로 자신감이다. 지금부터 이 문제를 한번 풀어보려 한다.

내가 아는 한 하버드 경영대학원 리더십 교수는 나에게 "매일 매일 일하러 올 때마다 내가 실패자라고 느껴진다네"라고 쓴웃음을 지으며 말한 적이 있다. 나는 믿을 수가 없었다. 하버드 경영대학원 종신 교수들은 학사 학위와 석사 학위, 박사 학위가 있으며 세 가지 학위 모두 최고의 성적으로 졸업한다. 그들은 억대 연봉을 받고, 연봉과 별도로 상담이나 강연으로 더욱 많은 돈을 번다. 무엇보다 그들은 하버드에서 교수로 재직 중이다! 꽤나 근사한 이력 아닌가? 그렇다면 그 교수는 왜 자신이 실패자라고 생각했을까?

"매일 아침 사무실 문을 열고 들어오면 내 왼쪽 옆자리에 앉은 교수의 노벨상이 보여. 그리고 나는 절대 노벨상을 타지 못할 거라는 사실을 알고 있지." 그가 말을 이었다.

"또 오른쪽 옆자리의 교수가 출간한 12권의 책도 보여. 나는 결코 책 12권을 내지 못할 거야. 이제껏 책을 단 한 권도 써본 적이 없으니까. 매일 아침마다 내가 얼마나 열등한지 상기시켜주는 이 같은 기분은 나를 매우 힘들게 한다네."

나는 그를 바라보며, 지금도 충분히 잘 하고 있고 열심히 노력하고 있으니 걱정하지 말라는 말을 건넸다. 하지만 그가 말하는 것에도 어느 정도 일리가 있었다. 그가 사는 세계에서는 그의 모든 업적이 동료들에 의해 상쇄되는 것이다. 여러 개의 학위, 100만 달러 이상을 보유한 통장, 명망 있는 직업은 그의 세계에서는 너무나도 당연한 일이었다.

그렇다면 자신감이란 무엇일까? 다음 그림을 잠깐 보자.

아무것도 하지 않고도 모든 것을 얻는 법

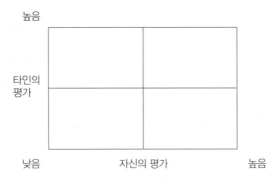

높음

타인의
평가

낮음　　　자신의 평가　　　높음

　자신의 평판에 대해 한번 생각해보자. 높을 수도 있고 낮을 수도 있다. 물론 줄곧 오르락내리락할 수도 있다. 하지만 어떤 순간에는 분명 높거나 낮다. 그런데 자신감이 단순히 자신의 평판과 관련이 있을까? 절대 그렇지 않다. 하지만 대부분 사람들은 자신의 평판에 따라 자신감이 달라진다고 생각한다. 그러나 우리 역시 늘 다른 사람을 평가한다.

　그렇다면 스스로를 높게 평가하고 다른 사람을 낮게 평가하는 사람은 어떤 특성이 있을까?

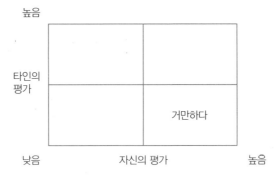

높음

타인의
평가

거만하다

낮음　　　자신의 평가　　　높음

그들은 거만하고, 자기중심적이며, 자만심이 강하다. 거만한 사람들은 다른 이들을 높이 평가하는 것이 스스로를 낮게 평가하는 것이 아니라는 사실을 이해하지 못하기 때문에 자신감이 없다. 그들은 다른 사람들의 자신감에 영향을 받는다! 이것 때문에 자신을 약한 존재로 느낀다. 그래서 자신의 평판을 끌어올리는 동안 다른 이의 자신감을 낮추려고 노력한다. 이들은 모든 것을 잘하기 위해 다른 사람들보다 우월할 필요성을 느낀다.

그렇다면 다른 사람을 높게 평가하지만 자신을 낮게 평가하는 사람은 어떤 특성이 있을까? 다음 그림을 보자.

다른 사람들을 대단하게 생각하고 우리 자신을 그들보다 부족하다고 생각하는 경우는 너무나 많다. 단체 사진을 보며 "이럴 수가! 나 정말 끔찍하게 나왔어! 얼굴도 커 보이고! 근데 너는 정말 잘 나왔다"와 같이 말할 때도 이런 기분을 느낀다. 자신을 비난하면서 얘기하고, 다른 사람들을 높게 평가하고, 자신을 낮게 평가한다. 이런

아무것도 하지 않고도 모든 것을 얻는 법

사람들은 늘 불안정하다.

이제 스스로도 낮게 평가하고 다른 사람들도 낮게 평가하는 사람은 어떨까? 그들은 그 누구도 높게 평가하지 않는다.

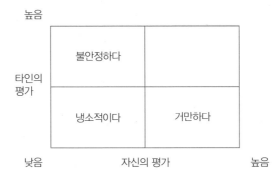

누구나 이러한 경험도 한번쯤 있을 것이다. 힘든 나날을 보내고, 나쁜 상사를 만나고, 큰 실수를 하다 보면 덜컥 겁이 나서 모든 것이 문제라고 느낄 수 있다. 냉소적이 된다. 냉소적인 사람은 자신감이 없다. 사실상 냉소는 자신감과 가장 거리가 멀다. 코난 오브라이언은 〈투나잇 쇼〉 마지막 회에서 이렇게 말했다.

"여러분에게 바라는 것은 단 하나입니다. 제발 냉소적인 사람이 되지 맙시다. 나는 냉소주의를 혐오해요. 내가 가장 싫어하는 거예요. 이것으로는 아무것도 얻지 못합니다."

자, 이제 어떤 사람이 남았을까? 진정으로 자신감이 있는 사람들이다. 그들은 스스로를 높게 평가한다. 그리고 다른 사람들도 높게 평가한다. 이러한 유형이 진정으로 자신감 있는 사람이다.

붓다는 이렇게 말했다.

"당신은 자기 자신보다 당신의 사랑과 애정을 더 많이 받을 만한 사람을 전 우주의 구석구석까지 빠짐없이 찾아다니겠지만 그런 사람은 존재하지 않는다. 전 세계의 그 어떤 사람보다도 당신 자신이 그러한 사랑과 애정을 받을 자격이 있다."

아무것도 하지 않고도 모든 것을 얻는 법

진정한 자신감을 얻기 위한
3단계

그렇다면 진정한 자심감을 지니는 그 이상적인 단계로 어떻게 갈 수 있을까? 어떻게 우리 자신을 수용하면서 동시에 다른 사람들을 높게 평가할 수 있을까? 이를 위해 마음속 두 가지 평가를 어떻게 분리해야 할까?

우선 자신을 높게 평가하기 위해 통과할 세 단계가 있다. 이 과정은 매우 고통스럽지만 온 진심을 다해서 이 여정을 거치면 결국 수용하는 방법을 배우게 된다. 그 세 가지 단계는 다음과 같다.

1. 감추다.
2. 해명하다.
3. 수용하다.

감추다

하버드를 졸업한 후 몇 년간 나는 대부분 동창들이 했던 것과 같은 방식으로 다음과 같은 질문과 답변을 주고받았다.

상대방: 참, 근데 어느 학교를 다녔나요?
나: 보스턴에서 나왔어요.
상대방: 멋진데요.

나는 가면을 쓰는 것이 자기 판단의 방식임을 깨닫기 시작했다. 첫 번째 발견이었다. 나는 하버드를 졸업했다는 것에 자신이 없었다. 사람들의 인식이 두려워서 하버드에 대한 언급을 하기 두려웠다. 엘리트 계층, 샌님, 부모 잘 만나서 돈이 많은 사람, 사회에 해를 끼치는 수상한 은행가 등 그들이 하버드 출신을 어떻게 생각하든 나는 하버드 학력을 자꾸만 숨기려고 했다. 내가 쓴 모든 책, 라디오 도입부, 신문 인터뷰에까지 어떤 곳에서도 출신 학교를 언급하지 않았다. 직장 이메일 서명에도 학위를 기입하지 않았다.

나는 이것이 겸손이라 생각했다. 하지만 자세히 들여다 보니 그것은 두려움이었다. 몇 년이 지나고 이 사실을 깨달은 나는 그때부터 어느 학교를 다녔는지에 관한 질문을 받으면 정확한 답변을 하기로 결심했다. 물론 조금 머뭇거리면서 답변을 했다. 아수 어색하게, 마치 엄청나게 차가운 물에 발가락을 담그기라도 한 것처럼 스스로가 불편해 보였다.

해명하다

상대방: 참, 근데 어느 학교를 다녔나요?

나: (얼굴을 찡그리며) 음… 하버드를 나오긴 했어요.

상대방: 와우, 음, 알겠어요, 하하.

내가 어색하게 행동하니 다른 사람들도 어색해 했다. 나 자신을 해명하면서 다른 사람들까지 해명하도록 강요한 셈이었다. 결국 나는 해명 또한 자기 판단의 방식임을 깨달았다.

해명을 하면 상대방과의 거리를 멀어지게 한다. 해명을 하면 상대방은 당신이 실수를 했다고 여긴다. 해명은 당신의 개가 이웃집 잔디에 대변을 볼 때 당신이 위를 올려다봤는데 마침 이웃이 창문에서 내려다보고 있다면 바로 그때 하는 것이다. 자, 여기까지 깨달은 나는 그로부터 몇 년 더 해명의 시간을 보낸 후 드디어 세 번째이자 마지막 단계에 도달했다.

수용하다

상대방: 참, 근데 어느 학교를 다녔나요?

나: 하버드 나왔습니다.

상대방: 멋지군요.

이를 통해 명확하고 단순한 진실이 나왔다. 감정에 흔들리지 않는 단단한 사실이 보였다. 가식과 가정 없이 명확하고 단순하게 함으로써 의식적으로 주어진 모든 상황에서 마주하는 그 어떤 판단에서도 나 자신을 벗어나게 했다. 이 단계에까지 이르면 다른 사람에게 전적으로 달린 판단이 어떤 것이든 전부 받아들일 수 있다.

심리학자 리처드 파인만은 "당신은 다른 사람들이 생각하는 대로 살 책임은 없다. 나 역시 다른 사람들이 기대하는 대로 살 필요가 없다. 그것은 그들의 실수이며 나의 실패가 아니다"라고 말했다.

자신을 수용하면 다른 사람들이 당신의 관점을 흔드는 감정의 소용돌이에서 당신을 보호할 수 있다. 그들은 당신의 생각을 휘두르고, 당신의 믿음을 왜곡한다. 심지어 당신의 머릿속까지 탁하게 한다.

그렇다면 당신은 그들의 관점을 듣고 어떻게 반응해야 할까? 그들이 당신을 판단하는 행위를 어떻게 멈출 수 있을까? 그냥 웃어넘기면 된다.

웃는 행동은 자신을 깊이 들여다보고 자기 판단을 발견하면서 자신의 일부분을 수용하기 위한 단계를 밟아 나가는 데 도움을 준다.

우리는 늘 자기 판단을 하며 살아간다. 우리는 뚱뚱하고, 게으르고, 충분히 운동하지 않고, 연봉을 인상할 가치가 없고, 사랑을 받을 가치가 없고, 해고당하면 다른 직업을 찾기 힘들고, 남자친구에게 차이면 새로운 남자친구를 찾기 어렵다고 여긴다. 우리가 늘 노력하고, 또 노력한다는 것을 잊은 채로 말이다. 우리는 모두 노력하고 있다. 우리는 모두 시도하고 있다. 우리는 모두 나아지고 있다.

당신은 본래 당신 그대로의 당신이다. 감추고 있는 것을 알아내고, 해명을 멈추고, 자신을 수용하자.

윔블던 센터코트에 감춰져 있는
비밀 메시지

하루는 붓다가 작은 마을을 방문했다. 그는 브라만이라고도 불리는 종교인이 된 후 자신의 메시지를 전하기 위해 여러 마을을 다니고 있었다. 그는 매우 유명해졌기 때문에 그가 마을에 온다는 소식이 들리면 사람들은 그의 말을 듣기 위해 모였다. 그 결과 다른 브라만들은 붓다로 인해 청중을 잃은 셈이 되었다.

붓다에게 매우 화가 난 한 브라만은 붓다가 있는 곳을 알아내 늦은 밤에 찾아갔다. 그는 화를 내며 말했다.

"당신은 다른 이들을 가르칠 권리가 없어요!" 그가 소리쳤다.

"당신도 모든 이들처럼 어리석어요. 당신은 가짜일 뿐이라고요!"

붓다는 브라만을 보고 웃으며 그가 큰 소리를 가라앉힐 때까지 그의 말을 들었다. 브라만이 말을 마친 후에도 붓다는 여전히 앉아서 그를 보고 미소 지었다. 이것은 브라만을 더욱 화나게 했다.

"당신은 왜 앉아서 웃기만 하죠? 무슨 말이라도 해야 할 거 아닙니까?"

비로소 붓다가 말했다.

"하나만 말해줄래요? 당신 친구들과 동료들, 친인척들이 당신의 집에 손님으로 한 번이라도 온 적이 있나요?"

"그럼요." 브라만이 대답했다.

"그리고 이것도 말해줄 수 있나요?" 붓다가 말을 이었다.

"그들이 왔을 때 온갖 음식을 대접했나요?"

"그럼요, 그렇게 했습니다." 브라만이 대답했다.

"그럼 이것도 궁금하군요." 붓다가 계속 말했다.

"만약 그들이 음식을 받아들이지 않았다면 그 음식들은 누구 소유인가요?"

"흠, 그들이 음식을 거부했다면 그 음식들은 모두 내 것이죠."

"알겠습니다." 붓다가 말했다.

"같은 방식으로 나는 당신의 화와 비판을 받아들이지 않았으므로 그것은 모두 당신 것입니다."

브라만은 놀라서 아무 말도 하지 못했다. 그는 화가 몸속에서 계속 끓어올랐지만 그 화를 둘 곳이 없었다. 아무도 그 화를 받아들이거나 그에게서 꺼내지 못했다.

붓다는 말을 이었다. "당신이 나를 모욕했지만 나는 모욕당하지 않았고, 당신이 나를 조롱했지만 나는 조롱당하지 않았고, 당신이 나를 질책했지만 나는 질책당하지 않았어요. 그것들을 내가 당신에게서 받아들이지 않았기 때문이죠. 그것들은 모두 당신 겁니다, 브라만. 모두 당신 거예요. 만약 당신이 내게 화가 났는데 내가 모욕당하지 않으면 그 화는 당신에게 남아 있습니다. 당신은 불행해지는 유일한 사람이 되는 거죠. 당신이 한 일은 모두 당신 자신을 아프게 해요. 자신에게 상처 주는 일을 멈추고 싶다면 당신은 자신의 화에서 반드시 벗어나야 하며, 그 대신 사랑해야 합니다. 모욕을 주는 사람에게 모욕을 돌려주고, 조롱을 주는 사람에게 조롱을 돌려주고, 질책을 하는 사람에게 질책을 돌려주는 이는 누구든 그 상대방과 함께 밥을 먹고 손님들을 맞이하죠. 하지만 나는 브라만 당신과 함께 식사를 하지도 않고, 손님들을 맞이하지도 않을 겁니다. 그것들은 모두 당신 거예요. 모두 당신 겁니다."

세계 최고의 선수들이 테니스 경기를 펼치는 윔블던 센터코트의 선수들이 입장하는 문 위에는 두 줄짜리 시 한 편이 있다.

승리와 패배를 만나더라도
그 두 가면을 그저 똑같이 받아들인다면

당신은 지난 15년간 하루도 빠짐없이 테니스를 연습해왔다. 모두들 당신이 타고났다고 말했다. 그렇게 테니스를 인생의 진로로 정했다. 당신의 부모님은 개인 레슨비용을 대기 위해 집을 담보로 대출을 했다. 토너먼트 시합 때문에 졸업식과 졸업파티도 생략했다. 당신은 테니스 라켓을 손에 잡지 않은 시간에도 스키와 음주뿐 아니라 직접 테라스를 만드는 것도 자제하면서 큰 부상을 피하려고 애썼다.

전부 오늘을 위한 것이었다. 바로 이곳에서, 지금 이 순간을 위해서. 오늘은 굉장히 중요한 게임이 열리는 날이다. 만약 이 경기에서 이기면 당신은 300만 달러의 상금을 차지한다. 지면 한 푼도 없다. 그리고 300만 달러를 받게 되면 좋은 평판과 각종 후원, 상금을 제외한 앞으로 벌어들일 많은 돈까지 따라온다. 모든 사람은 윔블던의 승자를 기억한다. 아무도 2등을 기억하지 않는다.

이번 경기에 맞서는 당신은? 전 세계에서 가장 뛰어난 테니스 선수이다. 이제 당신이 코트로, 당신의 인생에서 가장 중요한 테니스 경기를 치르러 걸어 나가기 바로 직전, 다음 글귀가 당신의 눈길을 끈다.

승리와 실패를 만나더라도
그 두 가면을 그저 똑같이 받아들인다면

갑자기 정신이 번쩍 든다. 잠시 멈춰 그 의미를 새긴다. 지금 승리와 실패 중 어떤 일이 일어나더라도 그것은 가면이다. 당신은 그 둘을 똑같이 취급해야 한다. 이기는 것이나 지는 것이나 똑같다. 당신 인생 전체의 맥락에서 경기를 바라보자. 세상은 계속 똑같이 돌아간다. 당신은 어떻게 하든지 더욱 높은 평판이든 낮은 평판이든 받을 것이다. "승리 혹은 실패를 만나더라도 그 두 가면을 그저 똑같이 받아들인다면." 당신은 오직 자기 자신과 경쟁한다. 긴장을 풀고, 숨을 깊이 들이마신 채 웃으며 코트로 걸어 나간다.

위 두 줄짜리 문구는 노벨 문학상 수상자이자 영국인들이 가장 좋아하는 시인으로 선정된 러디어드 키플링이 1895년에 지은 시〈만

　　　　　　　　아무것도 하지 않고도 모든 것을 얻는 법

약〉에서 따온 것이다. 이 시는 러디어드 키플링이 아들 존에게 들려주는 충고를 아름다운 구절로 써내려간 작품으로, 자신감을 갖는 방법과 자신을 수용하는 방법을 담고 있다.

사람들이 손해를 입힌 너를 비난해도

침착함을 잃지 않는다면,

모든 사람들이 너를 의심해도

그들의 의심을 생각하지 않고 자신을 신뢰한다면,

기다릴 수 있으며 기다림에 지치지 않고,

거짓말에 당하더라도 거짓과 타협하지 않고,

미움을 당하더라도 미움에 굴복하지 않는다면,

그리고 겉모습을 지나치게 꾸미지 않고, 너무 잘난 척하며 말하지 않는다면

꿈을 꾸더라도 그 꿈의 노예가 되지 않는다면,

생각하더라도 그 생각이 너의 목적이 되지 않는다면,

승리와 실패를 만나더라도

그 두 가면을 그저 똑같이 받아들인다면,

어리석은 자들에게 덫을 놓으려는 악인에 의해

네가 말한 진실이 왜곡되어도 참는다면,

인생을 바친 일이 무너지는 것을 보더라도

허리 굽혀 낡은 연장을 들고 다시 일으켜 세운다면

한 번쯤 네가 얻었던 모든 것을 걸고

위험을 무릅쓰더라도 한 번의 승부를 본다면,

그리고 전부 잃더라도 처음부터 다시 시작한다면,

그리고 네가 잃은 것에 대해 한 마디도 하지 않는다면,

모든 것을 떠나보내고 오랜 시간이 지나더라도

마음을 다잡고 용기와 힘을 내어 다시 살아간다면,

그래서 "견뎌!"라고 말하는 의지 외에

너에게 아무것도 남아 있지 않아도 참아낸다면

여러 사람들과 대화하면서도 미덕을 지키고

왕과 함께 걸으면서도 상식을 잃지 않는다면,

적이든 사랑하는 친구이든 너에게 상처주지 않게 한다면,

모든 사람이 너에게 도움을 요청하되 지나치게 의존하지 않게 한다면,

용서하지 못하는 순간을 맞닥뜨릴 때

1분간 잠시 떨어져 지켜보는 지혜를 발휘한다면,

세상은 너의 것이 되리라.

무엇보다도 너는 진정한 남자가 될 것이다, 내 아들아!

어떤 일이든 당신을 위해 한다는 사실을 기억하라. 무엇이든 당신을 위해 하라.

블로그 방문자 수, 득점표, 그리고 직무평가는 늘 당신이 어떻게 하고 있는지 보여준다. 그것들은 돈이나 승진, 혹은 평론가들의 호평처럼 외적 보상을 가져다준다. 하지만 이러한 보상은 당신의 본질적 동기를 감춘다. 그러면 당신은 테니스 코트 위에서 달리지 않고

아무것도 하지 않고도 모든 것을 얻는 법

걷게 된다. 당신을 판단하는 사람들에게 우선적으로 끌리기 시작한다.

중요한 사람은 평론가가 아니다. 중요한 사람은 무대 위에 있다. 당신이 목표로 하는 성공의 유형을 정하고 자신과 다른 사람을 높게 평가하자. 감추고 해명하는 과정을 거쳐 결국 당신 자체를 수용하는 단계에까지 도달하자. 그리고 붓다가 말한 것처럼 사람들이 당신에게 한 비판을 그들의 것으로 남기자.

존 레넌의 일화를 전하면서 이번 장을 마무리하려고 한다. 존 레넌은 늘 지독하고도 독립적인 예술가였다. 그는 늘 자신을 위해서 했다. 그가 이뤄낸 세일즈의 성공과 사회적 성공의 정도를 생각한다면 대부분 사람들은 결코 비틀스를 떠날 수 없었겠지만, 그는 1969년 9월, 폴과 조지, 링고에게 팀을 떠나겠다고 조용히 말했다. 10년도 더 지난 후, 죽음을 불과 몇 주 남긴 시점에 존 레넌은 유명 잡지 〈플레이보이〉와의 인터뷰에서 그가 팀에서 나온 후의 비틀스 음악 중 예전에 자신이 참여했던 앨범만큼 사람들에게 오래도록 각인되는 음악이 있다고 생각하는지 질문을 받았다. 그는 어떻게 대답했을까?

"저는 〈아이 엠 더 월러스〉가 〈이매진〉보다 좋은지 나쁜지 판단하지 않습니다. 판단은 사람들이 하는 거죠. 저는 단지 노래를 하는 거예요. 그냥 합니다. 나는 물러서서 판단하지 않아요. 제가 할 일을 할 뿐입니다."

우선 행복해져라

당신을 위해 하라

3장

최악의 하루에서 당신을 구원할
한 문장

우리의 머릿속에서
매일 일어나는 전쟁

지금부터 당신을 구원할 단어 세 개로 이루어진 문장을 알아보려 한다. 하지만 그 전에 최악의 날이 어떻게 만들어지는지 알아볼 필요가 있다.

편도체는 뇌에서 가장 오래된 부분이다. 이 기관은 세상을 불안하게 바라보는 것을 담당하는, 일명 문제 감식기라고 할 수 있다. 당신 머릿속에 항상 전원이 켜진 채 밤낮을 가리지 않고 작동하는 문제 감식기가 있다고 상상해보라. 그 기계가 문제를 발견하거나, 혹은 그것이 문제라고 생각할 때조차 당신의 몸에서는 아드레날린과 스트레스 호르몬이 넘치게 분비되면서 당신을 투쟁이나 도주 상태로 바꿔놓는다.

베스트셀러 저자인 다니엘 골먼은 《EQ 감성지능》에서 "감정 요소는 매우 일찍부터 진화했다. 내가 이것을 먹을 것인가, 혹은 저것이

나를 먹을 것인가?"라고 말한다. 또한 그는 우리의 뇌가 우리의 몸을 통제한다고 설명하면서 이것을 '편도체 납치'라고 불렀다.

1장에서 살펴본 행복해지기 매우 힘든 이유를 떠올려보자. 우리는 모두 부정적 생각을 한다. 이러한 부정적 생각은 매우 강한 감정 반응을 통해 우리를 안전하게 유지시켜주고 생존으로 이끌었다. 날카로운 검 모양의 송곳니가 있는 검치호랑이가 몇백 피트 떨어져 있는 초원에서 갑자기 당신을 노려보고 있다면? 당신은 번쩍하며 신호를 보내는 문제 감식기가 필요하다. 뇌의 이 같은 특성을 우리는 여전히 갖고 있다. 현재는 비록 2,000 파운드 무게의 고양이에게 쫓길 확률은 거의 없어졌지만 말이다. 하지만 머릿속의 이러한 전쟁은 중요한 진실 하나를 떠오르게 한다. 그것은 아무도 감정을 조절할 수 없고 오직 감정에 대한 반응만을 조절할 수 있다는 것이다.

우리 뇌에서는 편도체 외에도 이성적 사고를 담당하는 전두엽 피질 또한 진화했다. 이것은 뇌의 새로운 영역이다. 뇌의 이 부분은 대부분 복잡한 사고를 주관한다. 전두엽 피질을 평온한 음악이라 부르자. 이곳에서는 조용한 음악을 연주하고, 끊임없이 생각하며, 행동하기 전에 생각하는 것을 담당한다. 일을 시작하기 전에 무엇을 할지 결정하면서 충분히 생각할 수 있게 도와준다. 또한 언어 및 복잡한 문제를 푸는 능력을 담당한다.

때때로 당신은 문제 감식기와 평온한 음악이 동시에 볼륨을 최대로 끌어올리는 터질 것 같은 순간을 느낀다. 예를 들어 CEO 앞에서 늦은 오후에 프레젠테이션을 하라는 요청을 급하게 받았을 때 그렇다. 당신의 문제 감식기는 갑자기 빨간 불을 번쩍이며 성가신 모닝

콜 소리를 낸다. 삐빅! 삐빅! 삐빅! 그동안 평온한 음악은 새가 짹짹 지저귀고 요란한 파도소리를 내며 해변에 부딪치는 형태로 바뀐다. 이 시간 동안 당신의 뇌는 충동적으로 행동하는 대신 충분히 생각하고 무엇을 할지 결정하려고 한다. 이것은 당신의 머리 내부에서 벌어지는 전쟁이다. 우리의 문제 감식기(편도체)와 평온한 음악(전두엽 피질)은 전쟁 중이다.

두 번째 전쟁은 '조금 더'와 '충분히' 사이의 전쟁이다.

오늘날 우리는 예전의 '충분히 문화'가 아닌 '조금 더 문화'에서 살고 있다. 새로운 트렌드일까? 아니다. 성장하는 트렌드다. 100년이 넘는 시간에 걸쳐 발전하고 있는 문화다.

팝 모맨드는 '충분히 문화'에서 '조금 더 문화'로 옮겨가는 현상의 본질을 처음으로 발견한 인물이다. 그는 1887년 5월 15일에 샌디에이고에서 태어나 21살에 뉴욕으로 이사했으며, 신문사 〈뉴욕 월드〉에서 스케치 화가로 일했다. 결혼 후 팝은 어느 정도 성공을 이루면서 아내와 함께 대저택이 즐비한 부촌인 롱아일랜드 교외의 시더허스트로 이사했다. 그들은 이미 고급 생활을 누리고 있었지만, 부유한 이웃들보다 더 높은 삶의 질을 위해 끊임없이 경쟁하고 있었다는 사실을 깨달았다. 그것은 그들을 지치게 했다. 그래서 팝과 아내는 화려한 생활을 그만두고 맨해튼으로 돌아와서 가난한 지역에 아파트를 구했다. 그곳에서 팝은 호화로운 교외에서 살던 그의 경험을 토대로 만화를 그렸고, 그것을 상사에게 보냈다.

팝은 상류사회에 대한 집착으로 살아가는 맥기니스라는 인물을 허구로 등장시켜 이야기를 전달했다. 상대적인 부에 집착하는 현상이 늘어나는 사회를 신랄하게 반영한 이 만화는 엄청난 인기를 얻었고, 수백 개의 신문에 실렸으며, 결국 28년 동안 연재되었다. 심지어 책과 영화, 뮤지컬까지 나왔다.

미국 사회학자 멕 제이콥은 1890년과 1930년 사이에 성장한 '조금 더 문화'에 관해 이렇게 설명했다.

"새로운 기술이 대량 생산과 대량 분배를 가능하게 하면서 미국인들은 더 이상 지금 갖고 있는 것에 단순히 만족할 필요가 없어졌다. 그들은 욕구에 따라 행동할 수 있다. 질투는 더 이상 죄가 아니며, 이제는 새로운 소비 경제의 주요 산물이다."

제1차 세계대전 이후 새로운 대량 생산 기술이 생겨나면서 편리함을 광고하는 세탁기나 난로, 통조림과 같은 상품의 대량 마케팅이 가능하게 되었다. 그 누가 이런 제품을 원하지 않겠는가. 그리고 집과 같은 큰 물건을 구매하기 위한 할부금 제도가 그 뒤를 이었다.

리먼 브러더스의 폴 마주르는 1927년 발행된 〈하버드 비즈니스 리뷰〉에서 이렇게 말했다.

"미국을 필요의 문화에서 욕구의 문화로 바꿔야 한다. 낡은 물건을 다 쓰기 전에 새로운 물건을 원하도록 사람들을 훈련시켜야 한다. 미국인의 사고방식을 새롭게 바꿔야 한다. 사람의 욕구가 필요를 무색하게 해야 한다."

조금 더, 조금 더, 우리는 모두 조금 더 원한다. 우리는 조금 더 하는 것이 언제나 나은 것을 의미하는 세상에서 자라왔다. 하지만 헛소리다. 100년이 넘게 지났지만 우리는 여전히 '남들에게 뒤지지 않게 허세 부리기'를 하고 있다.

몇 년 전 나는 금요일 늦은 오후에 짐을 챙기고 사무실에서 나오면서 상사에게 그의 아이들이 잘 지내고 있는지 물었다. 부서장인 그는 회사에서 유일하게 벽에 추상화가 걸려 있고 책상 옆에 가죽 의자가 있는 사무실을 쓰고 있다.

"잘 지내지. 고마워. 아이들은 학교에서 만든 앱을 오늘밤 내게 보여주겠다고 들떠 있어."

"오우, 멋진데요. 아이들이 본인 소유의 노트북을 갖고 있나요?"

"응." 그는 살짝 멋쩍어하며 웃었다.

그는 조용히 계속 미소를 짓고 있는 나를 바라봤다.

"이봐, 우리 아이들은 운이 좋아. 자네도 나도 그걸 알지. 하지만 아이들은 아니야. 그들의 세계는 다르더라고. 우리는 넓은 집에 살고, 아이들은 사립학교에 다니면서 본인 컴퓨터를 갖고 있어. 하지만 학교 친구들은 몇 주 동안 유럽에 놀러 가는데 우리는 그렇게 못하거든. 그리고 어떤 친구는 집에 실내 농구 코트가 있어. 어제 우리 아들이 학교에서 돌아오더니 우리 집은 왜 집에 농구 코트가 없는지 내게 묻더라니까."

우리는 어떻게 해야 할까?

아무것도 하지 않고도 모든 것을 얻는 법

백만장자가 아무리 원해도
가질 수 없는 한 가지

당신의 문제 감식기는 늘 걱정거리를 찾으며 시간을 보낸다. 당신이 심각한 곤경에 처할 때는 도움이 되지만 그렇지 않을 때는 스트레스를 발생시킨다. 무엇보다 우리는 조금 더 문화와 충분히 문화가 경쟁하는 세상에 살고 있다. 물론 이 모든 것에서 벗어나 숲속의 판잣집에서 살 수도 있다! 하지만 그곳에 있는 당신은 계속해서 현실을 그리워할 것이다. 제발 그렇게는 하지 마라. 그렇다면 어디서부터 시작해야 할까?

우선 대부분 백만장자가 아무리 원해도 가질 수 없는 한 가지를 기억할 필요가 있다. 21세기 들어 가장 유명한 작가라 불리는 커트 보네거트와 조지프 헬러는 《제5도살장》과 《캐치-22》를 포함해 수백만 권이 팔린 고전 소설을 집필했다. 그들은 서로 친구였다. 조지프 헬러가 세상을 떠난 후 커트 보네거트가 〈더 뉴요커〉에 작성한 유명한 글을 한번 보자.

맹세코 진실한 이야기입니다. 영향력 있는 유쾌한 작가였던 조세프 헬러, 현재는 우리 곁을 떠났죠.

그와 함께 백만장자가 주최한 셸터 아일랜드에서 열리는 파티에 참석하고 나서였어요. 나는 이렇게 물었죠.

"조, 우리를 초대한 주인이 어제 파티를 열면서 들인 돈이 자네가 소설 《캐치-22》로 평생 벌어들인 돈보다 더욱 많았다고 하면 자네 기분이 어떨 것 같은가?"

그러자 조는 대답했어요. "나는 그가 결코 가질 수 없는 것을 갖고 있지 않나."

나는 질문했죠. "도대체 그게 무엇인가, 조?"

"내 머릿속에 충분히 들어 있는 지식 말일세."

꽤나 훌륭했어! 이제 편히 쉬게!

그리스 철학자 에픽테토스는 이렇게 말했다.

"부유함이란 대단한 소유물을 갖고 있는 것이 아니라 욕심이 적은 것이다."

우리가 조금 더 문화에 빠질 때 처하는 어려움을 생각하면 나는 내 친구 조쉬 탄힐과 함께 나눴던 대화가 떠오른다. 조쉬는 어느 날 CEO 직에서 자문역으로 자리를 옮기라는 통보를 받았는데, 이는 그의 연봉이 200만 달러에서 정확히 반으로 깎인다는 것을 의미했다.

나는 저녁 식사를 하며 조쉬에게 새로운 직업을 어떻게 생각하는

아무것도 하지 않고도 모든 것을 얻는 법

지 물었다.

"솔직히 말해서 하루하루 먹고 사는 게 걱정돼. 아내가 운영하는 디자인 숍은 늘 적자고, 샌프란시스코 북부에 은퇴 후 지낼 장소가 반 정도 지어졌는데 청구 금액은 계속 늘어나고 있어. 게다가 마사의 포도밭에 우리 보금자리가 있거든. 우리 가족은 독립기념일과 추수감사절에 그곳에서 모이지. 그동안 일하느라 많이 돌아다니며 돈을 번 덕분에 그 보금자리를 장만할 수 있었지만 유지비가 너무 많이 들어. 대학원에 다니는 두 아이들에, 재정 지원이 필요한 노후까지 생각하면 정말 어떻게 해야 할지 모르겠어."

나는 조쉬가 안쓰러웠다. 그는 고통스러워했다. 조쉬는 조금 더 문화에서 나올 수 있는 불행한 사례를 대표적으로 보여줬다. 해결책은 무엇일까? 이제 아까 언급한 세 개의 단어를 알아볼 때다.

1. 항상
2. 복권을
3. 떠올려라

항상 복권을 떠올려라. 이게 무슨 뜻일까? 이것은 당신 뇌에 있는 문제 감식기가 몸을 통제하는 것을 의식하고, 당신이 더욱 더 원한다는 것을 인식하며, 현재 위치에 있는 당신이 얼마나 운이 좋은지 기억하라는 의미다. 당신은 충분히 갖고 있다는 사실을 잊지 마라! 조금 더가 항상 좋은 것은 아니다. 인생은 이미 당첨된 복권이라는 사실을 항상 떠올려라.

복권에 당첨된 삶을 사는
멕시코 어부

어부가 사는 작은 마을에 배가 정박해 있었다. 고가의 선글라스를 쓰고 고급 시계를 찬 한 관광객이 걸어가다가 어부가 잡은 물고기의 싱싱함을 칭찬하면서 물고기를 잡는 시간이 얼마나 걸리는지 물었다.

"그렇게 오래 걸리지 않아요." 어부가 대답했다.

"그러면 당신은 왜 더욱 오래 머무르며 고기를 더 잡지 않죠?" 관광객이 질문했다.

어부는 그가 잡은 물고기 양으로도 그와 가족이 필요한 것을 충족하기에 충분하다고 설명했다.

그러자 관광객이 이렇게 물었다. "그럼 남는 시간에는 보통 무엇을 합니까?"

"아침 늦게 눈을 떠 고기를 조금 잡은 후, 아이들과 함께 시간을 보내고 아내와 낮잠을 잡니다. 저녁에는 친구들을 만나러 마을에 나가 술을 몇 잔 마시고 기타를 연주하며 노래를 몇 곡 부르고요. 매우 충만한 삶을 살고 있지요."

관광객은 펄쩍 뛰었다.

"나는 경영학 공부를 한 사람입니다. 내가 당신을 도울 수 있어요! 일단 매일 물고기를 더욱 오랜 시간 잡는 것부터 시작해야 합니다. 그러면 남은 고기를 팔 수 있어요. 그렇게 생긴 여윳돈으로 더욱 큰 보트를 살 수 있죠."

"그럼 다음은요?" 어부가 물었다.

"더욱 커진 보트로 벌어들이는 남는 돈으로 두 번째 보트, 그리고 세 번째 보트를 계속 구입해나가다가 때가 되면 대형 저인망 어선을 사는 거예요. 그런 다음엔 당신이 잡은 물고기를 중간 상인에게 파는 대신 가공 공장과 직접 협상할 수 있을 테고, 어쩌면 당신 소유의 공장을 열 수도 있고요. 그러면 이렇게 작은 마을을 떠나 뉴욕으로 이사하겠죠! 그곳에서 당신은 당신 소유의 거대한 새로운 기업을 총괄하는 겁니다."

"그렇게 되기까지 얼마나 걸리나요?" 어부가 물었다.

"최대 20년에서 25년 정도 걸립니다." 관광객이 대답했다.

"그 다음은요?"

"그 이후 말입니까? 흠, 그때부터가 진짜예요." 관광객이 웃으며 말했다.

"사업 규모가 엄청나게 확장되어 주식을 사고팔기 시작하면 당신은 수백만 달러를 버는 거죠!"

"수백만 달러라고요? 정말입니까? 그 다음은요?" 어부가 물었다.

"그때는 퇴직해 해변 근처의 작은 마을에 살면서, 아침 늦게 일어나 아이들과 시간을 보내다가 고기를 조금 잡은 후 아내와 낮잠을 자고, 저녁 시간에는 친구들과 술을 마시고 기타를 연주하면서 지내면 됩니다."

멕시코 어부는 그것들을 이미 충분히 갖고 있었다. 고기를 더 오래 잡을 필요도, 두 번째, 세 번째 보트를 살 필요도, 사업을 확장하기 위해 20~25년의 시간을 쓸 필요도 없었다. 그의 인생은 이미 당첨된 복권이었기 때문이다.

그러나 대부분의 사람들, 나를 포함해 우리는 그렇게 운이 좋지 않다. 나 역시 일주일에 몇 번씩 스트레스를 받는다. 신호등이 초록색으로 바뀌었는데도 앞에 있는 차가 움직이지 않을 때, 떨어뜨린 유리잔이 산산조각이 났을 때, 마감 날짜가 다음 주로 다가올 때면 인생이 위태롭다고 느꼈다. 모든 것이 제대로 되지 않으면 늘 좌절했다. 그럴 때마다 이제 항상 복권을 떠올려라.

어렸을 때 나는 침대에 누워서 내 몸이 천천히 위로 떠올라 내 침대와 방, 집 위를 떠다니는 상상을 했다. 그러다 더욱 높이 올라가 집 주변, 도시 전체, 그리고 구름이 자욱한 낮은 궤도의 우주 공간까지 떠다니는 내 모습을 그렸다. 먼 곳에서 우리 동네가 희미한 빛으로 깜박이는 모습을 내려다보곤 했다. 그러면서 내 고민들이 저 멀리까지 날아가는 것을 상상했다. 아무것도 심각하게 느껴지지 않았다.

지금부터 함께 시도해보자. 천왕성과 해왕성, 목성과 토성 옆에 있는 지구가 얼마나 작아 보이는가? 지구가 골프공이라면 그것들은 테니스공이나 볼링공이다. 그렇다면 골프공과 비교해 태양의 크기

아무것도 하지 않고도 모든 것을 얻는 법

는 얼마나 될까? 집보다도 클 것이다. 그리고 우주를 바라보며 줌을 앞으로 죽 당기면 태양이 우리 은하를 가득 채운 것처럼 수백, 수천만 개의 별이 반짝인다. 은하계에는 무엇이 있을까? 그곳에는 별과 가스와 먼지 덩어리가 중력에 의해 뭉쳐 있다. 우리는 그 안에 하나의 존재로 살고 있으며, 과학자들은 우리 은하에만 60만 개의 별이 있다고 추산한다. 그렇다. 태양은 우리 은하의 60만 개의 별들 중 하나일 뿐이다. 우리 모두는 그곳을 빙빙 돌고 있다! 하지만 그곳은 너무나 밀리 떨어져 있다.

우주 공간에서 다른 우주 공간의 사진을 찍기 위해 만들어진 허블 우주 망원경이라는 게 있다. 사실상 세상에서 가장 큰 카메라라고 할 수 있다. 나사는 20년도 더 전에 허블 우주 망원경을 우주의 아주 깊고 어두운 곳까지 관측할 수 있게 쏘아 올린 다음 몇 달 동안 셔터를 열어 놓았다. 그리고 셔터를 닫은 후 카메라를 지구로 돌려보내 찍힌 사진을 현상했다. 어떤 사진이 찍혀왔을까? 밝게 빛나는 수많은 점들 하나하나가 모여 은하계 전체를 이루는 모습이 찍혔다. 그 아름다운 은하계를 보며 나는 전 우주를 통틀어 인간이 존재하는 곳은 없다는 사실, 숨을 쉬고, 물을 마시고, 식물을 키울 수 있는 곳은 없다는 사실을 새삼 깨달았다. 사람들을 만나고, 그들과 사랑에 빠져 아이를 가질 수 있는 곳도 없다. 우리는 어쩌면 삶을 지탱할 수 있는 유일한 공간에서 살고 있는 것이다.

천문학자 칼 세이건은 "알려진 대로 천문학은 겸허한 인격 수양의 과정이다. 인간의 자만심이 얼마나 어리석은지 설명할 때 우리가 사는 작은 세계에서 이토록 멀리 떨어진 시공간보다 좋은 예는 없을 것이다. 내게는 다른 학자들과 더욱 기꺼이 문제를 다루고, 우리가 살아온 유일한 행성인 옅은 푸른색 점을 보존하고 소중히 여겨야 한다는 책임감이 들게 한다"라고 말했다.

우리는 옅은 푸른색 점 위에 살고 있다. 이곳은 아름답다. 그러므로 이러한 행성, 즉 우주에서 우리가 살 수 있는 유일한 행성 위에서 우리는 생존해왔다. 여기서 지구에서 살아온 대부분 사람들이 죽었다는 사실을 기억해야 한다. 오늘날 지구에는 약 70억 명의 사람들이 살고 있으며, 세계 역사를 통틀어 1,150억 명의 사람들이 이곳에서 살아왔다. 이것은 지금까지 1,080억 명의 사람들이 죽었다는 것을 뜻한다. 대부분 사람들이 이미 그들의 삶을 살아왔다. 다른 말로 하면 지구에서 한 번이라도 살았던 15명 중에 14명이 다시는 해질녘을 보지 못하고, 초코 아이스크림을 먹지 못하며, 아름다운 밤에 아이들과 키스를 하지 못한다. 15명 중에 14명의 사람들이 다시는 이웃에서 풍기는 바비큐 향기를 맡으며 산책하지 못하고, 일요일 밤 잠들기 전에 베개를 시원한 면으로 휙 뒤집거나, 혹은 불이 꺼진 어두운 부엌에서 친한 친구들로 둘러싸여 생일케이크 위의 깜박거리는 촛불을 불어 끄지도 못한다. 살아 있다는 것은 당신이 이미 복권에 당첨되었다는 사실을 의미한다.

최악의 날이 온다면 부정적 생각을 밀어내자. 한 발짝 뒤로 물러서야 한다. 복권을 항상 떠올리자.

당신은 이미 복권에 당첨되었기 때문이다.

우선 행복해져라

당신을 위해 하라

항상 복권을 떠올려라

2부

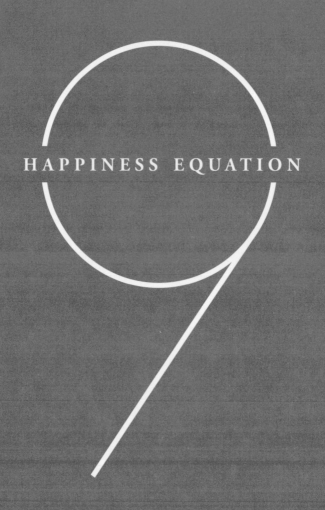

HAPPINESS EQUATION

무엇이든 하기

내가 곧 죽을 것이라는 사실을 기억하는 건
인생에서 큰 결정을 할 때 도와주는 가장 중요한 도구이다.
외부의 기대, 자부심, 부끄러움, 실패 등은
죽음 앞에서 모두 무의미해지기 때문이다.
당신이 언젠가 죽을 것이라는 사실을 기억하는 건
아직 잃을 게 많다는 착각에서 벗어날 수 있는
가장 좋은 방법이다. 이미 당신은 벌거벗었다.
당신의 마음을 따르지 않을 이유가 없다.

－스티브 잡스

4장

우리의 꿈은 완전히
잘못되었다

윌슨 선생님의
끔찍한 비극

"그는 죽었어요."

나는 고등학교 지도부 서기의 말에 충격을 받았다. 믿기지 않았다. 바로 지난주에 나는 그와 대화를 나눴기 때문이다.

"너무 갑작스럽게 발생한 일이예요." 그녀는 두꺼운 안경테 사이로 눈물이 맺힌 채 촉촉하고 붉은 입술을 파르르 떨며 천천히 낮은 목소리로 말했다.

"정말 유감이에요."

윌슨 선생님은 나의 지도교사였다. 머리 양쪽으로 솜털 같은 두 가닥의 흰 머리가 듬성듬성 나 있는 대머리였던 그는 두꺼운 안경을 쓰고 헐렁한 회색 티셔츠를 입은 채 학생들의 시간표나 대학 지원, 개인적 문제를 상담해줬다. 모두들 윌슨 선생님을 사랑했다.

나는 여름 인턴에 관해 그와 상담했고, 그는 시험 기간 동안 나를 편안하게 해줬다. 그의 침착하면서도 세상을 넓게 바라보는 세계관 덕분에 우리는 우물 안 개구리가 아닌 넓은 세상을 내다볼 수 있었다. 윌슨 선생님은 자신의 일을 사랑하기도 했지만, 무엇보다 그가 복도를 활기차게 지나가며 학생들에게 인사를 하고 그들의 기운을 북돋아 주며 이름을 불러줄 때면 그의 눈은 늘 반짝였다. 그는 언제나 웃었고 학교는 그의 집이었다.

내가 고등학교를 다니던 시절 정부는 정년퇴직 제도를 도입했다. 누구든 65세가 되면 홀연히 사라지는 것이다. 정부는 당신을 노동인구에서 강제로 끌어내 곧바로 노년 연금을 받게 한다. 당신은 선택의 여지가 없다. 여기서 잠시 터놓고 말해보자. 사실 거의 모든 이들은 어쨌든 65세보다 훨씬 전에 은퇴하기를 원했다. TV 광고는 백발의 커플이 자신들이 사는 곳을 훌쩍 떠나 별장에서 수영을 하고, 골프를 치며, 해질녘에 항해를 즐기는 장면을 '55세의 자유'라며 선전한다.

은퇴는 좋은 일이다. 모든 이들이 원하고, 꿈꾸며, 소망하는 일이다. 물론 은퇴의 순간이 직접 다가오기 전까지는 그렇다. 무엇이든지, 언제든지, 어디에서든지, 그것도 영원히 자유롭게 할 수 있다? 듣기로는 매우 괜찮은 조건으로 보인다. 하지만 이상한 것은 윌슨 선생님이 은퇴할 당시 그가 행복해 보이지 않았다는 것이다. 우리는 케이크를 곁들이고 밴드가 연주하는 음악을 들으며 선생님의 은퇴 기념파티를 열었다. 학생들은 눈물을 글썽거리며 한 마디씩 남겼다. 마치 영화 〈홀랜드 오퍼스〉의 마지막 장면 같았다. 윌슨 선생님은 은퇴해서 설렌다고 말했지만 그의 엷은 미소와 촉촉한 두 눈은 그렇지 않다고 말하고 있었다. 하지만 정년퇴직의 의무로 결국 그도 은퇴했다. 그리고 다음 주에 그는 심장마비로 사망했다.

토마스 제퍼슨은 "하는 일 없이 시간을 낭비하지 않겠다고 결심하라. 조금의 시간도 아껴 쓰는 사람이라면 결코 시간이 필요하다고 불평하지 않을 것이다"라고 말했다.

테디 루즈벨트는 "인생이 주는 최고의 상은 가치 있는 일을 열심히 하는 기회를 얻는 것이다"라고 했다. 또한 〈에스콰이어〉 전 편집장인 마샤 셰릴은 "일과 은퇴를 생각할 때면 나는 특정 종류의 직업을 갖고 있는 종류의 개를 떠올립니다 그들에게 일을 빼앗으면 그들은 신경질적으로 짖고 할퀴거나 소파를 갈기갈기 찢어놓죠. 일하는 개는 일이 필요해요. 그리고 나는 일하는 개 타입이에요"라고 했다.

당신은 어떤 종류의 개인가? 당신이 만약 생각하기 좋아하고, 시도하기 좋아하고, 창조하기 좋아하고, 가르치기 좋아하고, 배우기 좋아하고, 사람들과 관계 맺는 것을 좋아한다면 일하는 개 타입일 가능성이 높다. 그렇다면 일하는 개들은 어떤 특성이 있을까? 그들은 일한다. 그들은 결코 포기하지 않는다. 그들은 결코 하는 일을 멈추지 않는다. 그들은 결코 은퇴하지 않는다.

당신이 만약 신경질적으로 짖고, 할퀴고, 소파를 갈기갈기 찢어놓고 싶다면 대화를 시도하라. 당신은 언제나 할 일이 필요하기 때문이나. 뭔가 나른 일, 흥미로운 일, 낭신이 사랑하는 일을 해야 한다.

아무것도 하지 않고도 모든 것을 얻는 법

당신의 삶에
이키가이가 있습니까?

오키나와에 거주하는 사람들은 미국인보다 평균 7년을 더 오래 살며, 지구에서 가장 긴 무장애 기대 수명을 갖고 있다. 고대 중국 전설에서는 이러한 모래로 뒤덮인 섬을 반짝이는 동중국해에서 튀어나온 불멸의 땅으로 불렀다. 이곳에서는 96세의 노인이 30대 복싱 챔피언을 물리치고 105세 노인이 파리채로 독사를 잡는다. 이곳은 지구상의 어느 곳보다 100세가 넘은 사람들이 많이 살고 있다.

내셔널 지오그래픽의 연구원들은 오키나와 사람들이 어떻게 그토록 장수할 수 있는지 연구하면서 그들에게 완전히 매료되었다. 연구원들은 무엇을 발견했을까? 그들은 작은 접시에 밥을 먹고, 80퍼센트 정도 배가 차면 먹는 것을 멈췄으며, 아이들처럼 천천히, 함께 나이 들어가는 그들의 집단에는 아름다운 질서가 존재했다. 하지만 무엇보다 그들은 서양 사람들과는 매우 다른 인생관을 갖고 있었다.

우리는 은퇴 후의 삶을 골프연습장에서 골프를 치고, 별장에서 여유를 즐기며 하늘을 바라보는 황금기라고 생각하지만, 오키나와에서는 은퇴를 어떻게 여길까? 그들은 아무 생각도 하지 않는다. 심지어 은퇴라는 말을 뜻하는 단어 자체도 존재하지 않는다. 말 그대로 그들의 언어에는 완전히 일을 그만두는 개념을 설명하는 단어가 없다. 대신 '이키가이'라는 단어가 있다. 이것은 '당신이 아침에 눈을 뜨는 이유'를 의미한다. 당신을 가장 설레게 하는 것을 떠올리면 된다.

오키나와에는 무술을 보존하는 것이 이키가이인 102세의 가라데 고수, 가족을 부양하는 것이 이키가이인 100세의 어부, 증손녀의 증손녀를 안는 것이 이키가이인 102세의 노모가 살고 있다. 허풍처럼 들리는가? 일본 도호쿠 의과대학원에 근무하는 토시마사 손과 그의 동료 역시 오키나와 섬 이야기가 과장되었을 수도 있다고 생각하고 이키가이 개념에 대한 실험을 하기로 했다. 그들은 일본 센다이에서 7년 동안 4만 3,000명이 넘는 일본인을 대상으로 나이, 성별, 학력, 체질량 지수, 흡연, 알코올 소비, 운동, 고용, 스트레스 지수, 병력, 심지어 건강 자가진단 점수까지 살펴보면서 장수에 관한 연구를 진행했다. 그들은 4만 3,000명의 사람들 각각에게 다음과 같은 질문을 했다.

"당신의 삶에 이키가이가 있습니까?"

그들은 무엇을 발견했을까? 연구 초기에 이키가이를 알려준 참가자들은 결혼하고 교육받고 직장에 다니는 확률이 좀 더 높았다. 또한 건강 자가진단 수준이 높고 스트레스 지수가 낮았다. 7년 동안의 연구 막바지에 어떤 일이 일어났을까?

아무것도 하지 않고도 모든 것을 얻는 법

이키가이가 있는 95퍼센트의 사람들이 살아 있었다. 이키가이가 없는 이들은 오직 83퍼센트만 그만큼 오래 살았다.

작년 크리스마스에 나는 아내에게 이키가이 카드를 선물했다. 판지로 카드 두 장을 만들어 접은 후 침대 옆 탁자 위에 각각 놓았다. 우리는 각 카드에 이키가이를 써서 침대 옆에 두었다. 아내는 "젊은 생각이 미래의 리더가 되는 것"이라고 적었고, 나는 "우리가 살아 있음이 얼마나 행복한지 나와 다른 이들에게 알려주는 것"이라고 적었다. 우리는 침실용 탁자 위에 카드를 올려놓아 아침에 눈뜨자마자 그 내용을 상기하려고 했다. 가끔은 내용을 바꾸기도 했다.

우리는 왜 이키가이가 있어야 할까? 이키가이는 아침에 일어나게 해주는 이유다. 아침에 눈을 뜨는데 이키가이 카드가 옆에 있다면, 당신은 무슨 일을 어떻게 해야 할지 알게 된다.

목표가 있는 이키가이의 개념은 내가 좋아하는 소설인 루이스 캐롤의 《이상한 나라의 앨리스》 중 다음 내용을 떠올리게 한다.

어느 날 앨리스는 도로의 갈림길에 서 있다가 나무에 있는 체셔 고양이를 발견했다.

"어느 쪽으로 가야 할까?" 그녀가 물었다.

"어느 쪽으로 가고 싶은데?" 그가 물었다.

"나도 모르겠어." 앨리스가 대답했다.

고양이는 말했다. "그러면, 어디로 가든 상관없어."

그렇다면 '은퇴'는 대체 언제부터 생겨났을까? 목적도 없고 이키가이도 없이. 사실 당신이 어디로 가고 있는지 모른다면 어느 길로 가는지도 상관없다. 물론 누구나 일하면서 힘든 날이 있다. 상사는 늘 마음에 상처를 주고 동료들은 계획을 좌절시킨다. 하지만 일은 목적과 소속감을 주고 방향을 제시해준다. 은퇴는 세상을 회전하는 톱니바퀴에서 우리를 빼내 우리의 시들어가는 몸뚱이를 해변에 내려놓는다. 이제 당신은 아무것도 할 일이 없고 아무데도 갈 곳이 없는 채로 길을 잃었다. 다시는 되돌아갈 수 없다! 왜 우리는 이것을 좋은 생각이라고 여겼을까? 누가 이러한 계획을 생각해냈을까? 바로 독일인들이다. 그렇다. 그들은 1889년에 느닷없이 은퇴를 발명해 우리 모두에게 그러한 개념을 정립시켰다. 은퇴는 본래 젊은 사람들에게 지난 65년 동안의 삶을 보상하고 죽을 때까지 아무것도 하지 않게 해줌으로써 일에서 해방시켜주려고 생겨났다. 하지만 1889년의 독일과 오늘날 우리가 살고 있는 세계는 큰 차이가 있다. 당시 평균 수명은 67세였으니까.

1889년 독일의 수상이었던 오토 폰 비스마르크는 이렇게 말했다.

"나이와 폐질로 인해 일을 못하게 된 사람들은 국가로부터 보호받을 정당한 사유가 있다."

은퇴 나이와 평균 수명의 차이가 2년이었던 것을 고려하면 그가 이렇게 말하는 것은 쉬운 일이었다. 항생제인 페니실린은 그로부터 40년 후에나 발명되었으니. 비스마르크는 결국 65세에 은퇴한다는 기준을 독단적으로 설정했다. 이 숫자는 사람들이 죽는 대략적인 나이라는 것 외에는 어떤 의미도 없었다. 다른 선진국들은 그로부터 몇 년 후 독일의 행보를 따랐고, 이것이 오늘날까지 이어졌다.

아무것도 하지 않고도 모든 것을 얻는 법

은퇴 전문가인 해럴드 코닉은 자신의 저서 《아름다운 은퇴》에서 은퇴의 역사에 대해 다음과 같이 말했다.

우선 미국 인구의 상당수는 은퇴, 특히 강제 은퇴를 부정적 시각으로 바라봤다. 몇몇 연구에 따르면 65세 이상의 사람들 중 50퍼센트에서 60퍼센트는 은퇴를 연기할 수 있다면 계속해서 일을 하겠다고 답한 것으로 드러났다. '활동 이론'은 은퇴가 노인들의 사회 통합과 직업 통합의 욕구를 위반한다고 주장했다.

제2차 세계대전 이후 미국의 노인들은 점점 더 그들의 기여를 가치 있게 생각하지 않는 젊은 세대와 분리되었다. 과거에는 가족들과 함께 자라고 부모 집 근처에서 일했던 젊은이들은 다른 주나 해외로 빈번하게 출장을 가는 일이 늘어나면서 점차 움직임이 자유로워졌다. 동시에 노인들은 연금과 복지 덕분에 점차 경제적으로 안정을 찾아갔다. 게다가 의학의 발전과 건강한 라이프스타일 덕분에 더욱 오래 살고 건강 상태도 좋아졌다. 재정이 증가하고 건강이 개선되면서 노인들은 자녀와 다른 가족 구성원에게 점점 덜 의존하기 시작했다. 즉, 작가 마크 프리드먼이 말한 '문화적 진공' 상태로 진입하면서 레저 사업가들이 노인들에게 '황금기'의 비전을 제시하기 시작했다.

이러한 노력은 1951년, 50대 이상의 사람들에게 여가를 즐기는 방법을 교육하자고 제안한 국가 마케팅 캠페인에 대해 코닉 사가 열띤 토론을 벌이면서 처음으로 알려졌다. 그들의 전략은 여가를 매력적으로 만들어 모든 노인들이 여가를 즐길 권리가 있다고 느끼게 하는 것이었다. 연금 사업에 깊게 개입한 보험 회사들도 사회에서 벗어나 소비와 자기 자신에게 몰두하라는 은퇴준비에 관한 대규모 광고를 내보내며 이 같은 전략에 뛰어들었다. 그렇게 은퇴의 개념은 열심히 일했던 인생의 보상으로 기대하는 휴식과 즐거움의 시간으로 변하기 시작했다. 직장에서 충족하는 심리적 욕구와 사회적 욕구를 외부에서도 충족할 수 있다고 주장하면서, 일은 일 자체로 가치가 있다는 원칙을 거슬러 만들어졌다.

시사주간지 〈타임〉은 1962년 8월 3일의 표지 기사로 시간과 돈이 많지만 사회에 설 자리가 없고 빠르게 노화하는 미국인들을 다뤘다. 이 기사는 애리조나 주에서 여가에 중점을 둔 델 웹스 선 시티 같은 노인 전용 주택단지가 어떻게 미국인이 연상하는 은퇴 이미지를 자기 몰두와 즐거움으로 바꿔놓았는지에 관해 논했다. 결과는 놀라웠다. 1951년에는 사회보장 연금을 받는 사람들 중에 3퍼센트만이 여가를 추구하기 위해 일에서 은퇴했지만, 1963년에는 일에서 은퇴하는 주요 이유가 여가라는 비율이 17퍼센트로 늘어났다. 그리고 1982년까지 거의 50퍼센트의 사람들이 여가를 추구하기 위해 은퇴한다고 답했다.

이 같은 추세를 따른 일부 노인들에게는 긍정적 결과를 불러왔지만, 많은 이들에게는 자기몰두와 젊은 사람들과의 적대감과 갈등, 따분함, 그리고 그들이 사회와 다른 이들의 삶에 기여했다는 생각의 결여를 초래했다.

다음 세 가지를 기억하자. 첫째, 은퇴는 새로운 개념이다. 은퇴는 20세기 전에는 독일을 제외하면 세계 어느 나라에서도 존재하지 않았다. 19세기 전에는 어느 곳에서도 존재하지 않았다. 둘째, 은퇴는 서양의 개념이다. 은퇴는 오키나와나 많은 개발도상국에는 존재하지 않는다. 그곳에서 노인들은 매일 골프를 치지 않는다. 그들은 가족과 사회를 위해 기여한다. 셋째, 은퇴는 잘못된 개념이다. 은퇴는 사실이 아닌 다음과 같은 세 가지 가정을 기초로 한다. 우리는 생산적인 일 대신 아무것도 하지 않는 것을 즐기고, 수십 년간 돈을 벌지 않으면서도 여유 있게 살 수 있고, 우리는 수십 년간 돈을 벌지 않는 다른 이들에게 충분히 돈을 지불할 여유가 있는 것이다.

"당신이 변화를 멈춘다면, 당신 역시 멈추게 됩니다."

윌리엄 새파이어는 닉슨 대통령의 연설 원고를 썼던 사람으로, 퓰리처상 수상자이자 32년 동안 〈뉴욕타임스〉에 기사를 작성했던 유명 칼럼니스트였다. 그는 매주 두 번씩 기명칼럼과 〈온 랭귀지〉라는 유명한 일요일 칼럼까지 쓰기 시작한 지 28년째인 2005년, 75세 고령의 나이에 일을 줄이기로 결심했다.

은퇴 나이보다 10년이 지난 후였지만 그는 바로 은퇴하지 않았다. 기명칼럼만 그만두고 여전히 매주 일요일마다 칼럼을 계속 쓰면서 데이나 재단의 의장을 새로 맡아 4년을 더 일하다가 2009년에 췌장암으로 결국 세상을 떠났다. 그는 꽤 열심히 달려왔다.

그렇다면 그는 칼럼의 마지막을 어떻게 전했을까? 물론 '마지막'에 대한 칼럼을 작성했다. 그는 그 칼럼에서 "결코 은퇴하지 마라"라고 했다. 다음은 칼럼을 일부 발췌한 내용이다.

아무것도 하지 않고도 모든 것을 얻는 법

DNA구조를 공동으로 발견하며 과학계에 혁신을 불러온 노벨상 수상자인 제임스 왓슨은 몇 년 전에 내게 솔직히 말했다.

"절대 은퇴하지 말게. 뇌를 계속 움직여야 해. 그렇지 않으면 자네의 뇌는 쇠퇴하게 될 거야."

그렇다면 왜 나는 3,000천 개 이상의 칼럼을 쓴 후 독자들에게 작별을 고하는 것일까? 아무도 강요하지는 않았다. 나는 75세 나이에도 건강하며 정치적 권태에 시달리지도 않는다. 게다가 쓰나미의 부당성과 〈용기〉에 관해 썼던 최근 칼럼이 나간 이후, 32년 동안 올라왔던 전문가 의견을 통틀어 가장 많은 메일을 답장으로 받기도 했다.

내가 그만두는 이유는 이렇다. 50년 전 인터뷰에서 광고인 브루스 바튼은 새로운 것을 꾸준히 시도할 필요성에 관해 다음과 같이 말했다.

"당신이 변화를 멈춘다면, 당신 역시 멈추게 됩니다."

우리는 모두 오랜 시간 살아간다. 과거에 비해 미국인의 기대수명은 47세에서 77세로 늘어났다. 암과 심장병, 뇌졸중의 치료법이 발견되고, 유전공학의 줄기세포 재생과 장기 이식이 확실해지면서 베이비붐 세대는 병을 일시적으로 치료하고 성서에서 정한 '인생은 70세'라는 한계를 극복하며 질병을 방지하게 될 것이다.

하지만 무엇을 위해서? 뇌가 길을 잃었는데 몸 상태가 그대로라면 길어지는 수명은 자기 자신과 사회에 부담이 된다. 정신의 수명을 보존하면서 몸의 수명을 늘려야 더욱 큰 의미가 있다.

하지만 재훈련하는 신선한 자극은 로버트 브라우닝이 쓴 시의 한 구절, "인생은 마지막, 그것을 위해 처음부터 만들어졌다"처럼 우리 모두 반드시 필요한 것이다. 운동선수와 댄서는 재훈련하는 욕구를 30대에 실행하며, 근로자는 40대에, 관리자는 50대에, 정치인은 60대에, 교수와 거물 언론인은 70대에 실행한다. 정신을 수양하는 마지막 천직으로 우리가 훗날 필요할 스트레스를 줄이는 여가 활동을 우리의 직업으로 일찍 시작하는 것이 그 요령이다. 우리는 일을 그만둘 수는 있지만, 정신적으로 위험한 새로운 것이 개입하면 바로 중단한다.

2005년 겨울 취임식에서 워싱턴 정부는 오늘날 20대들의 20대에서 40대까지의 사회보장계좌를 보호하는 방법에 따른 열렬한 의견 차이를 보였다. 조만간 우리는 개인적인 경제적 안정이 두려움으로부터의 자유라는 사실을 피할 수 없다는 것을 깨닫고 받아들일 것이다.

그러나 사회 활동 계좌를 위해 얼마나 많은 이들이 계획하고 있는가? 지적 부활은 방대한 새로운 정부 프로그램이라기보다는 계속해서 적자 없이 악화되는 사회적 상호 작용을 확보하기 위함이다. 현재 직업에 종사하면서 미래 활동을 위한 기초를 다진다면, 우리는 우리 자신을 멍청하게 만드는 은퇴를 거절하고 새로운 활력으로 신나게 해주는 기회를 잡게 될 것이다.

의학과 유전 과학은 분명히 우리의 수명을 늘려줄 것이다. 신경과학 역시 노화가 되더라도 정신적인 명민함을 틀림없이 가능하게 만들 것이다. 누구도 앞으로의 신체적 그리고 정신적 선물의 활용을 실패해서는 안 된다. 당신이 변화하고, 배우고, 일하는 것을 그만두고 자리에 머무른다면, 그때가 바로 당신이 끝난 유일한 순간이다.

일은 우리에게 많은 것, 매일 주어지는 자유와 소박한 선물을 준다. 이러한 선물은 우리가 진정한 풍요로운 삶을 살게 해주기 때문에 받는 돈의 크기가 어떻든 그보다 훨씬 큰 가치가 있다. 만족스러운 직업에서 느끼는 자유는 공허한 날의 우울함을 억제해준다.

우리가 일을 해야 하는
네 가지 이유

우리는 왜 일을 할까? 지금부터 이 질문에 대해 상세하고 알기 쉽게 설명하려 한다.

사회적 이유

지금부터 120만 년 전의 세상을 떠올려보자. 인터넷, 컴퓨터, TV, 당신, 신문, 당신의 부모, 자동차, 조부모, 빌딩, 증조부모, 도시, 자전거, 빛, 옷, 보석, 음악, 예술, 언어, 결혼, 불, 무기 등 우리가 아는 모든 것이 생기기 전이다. 이곳 지구는 비어 있었다. 나무, 물, 그리고 먼지만 존재했다. 그러다 갑자기 아프리카 초원 위에 인간이 나타났다. 솔직히 말하면, 아주 오래 생존할 것처럼 보이지 않았다. 날지도 못했고, 수영도 못했고, 발톱도 없었고, 큰 이빨도 없었고, 어둠 속에서 보지도 못했고, 리노보다 빨리 달리지도 못했고, 침팬지를 공격할 수도 없었다. 우리에게 유리한 것은 전혀 없어 보였다. 거대한 표범과 날카로운 발톱이 있는 검 모양의 송곳니가 있는 검치호랑이에게 잡아먹힐 것 같았다.

하지만 시간을 120만 년 후로 돌리면 우리는 지구에서 가장 지배적인 포유동물이고 그즈음의 많은 다른 동물들은 현재 멸종되었다. 그리고 그 비법은 우리의 뇌에 숨겨져 있다. 인간의 뇌는 전 우주를 통틀어 가장 복잡한 연구대상이다. 이것 때문에 우리는 행성을 지배하게 되었다. 120만 년에 걸쳐 우리 뇌의 크기는 두 배로 커졌고 전 세계의 인구는 뿔뿔이 흩어진 몇백 명에서 70억 명 이상으로 증가했다.

우리의 뇌는 비가 올 때 속이 빈 타조 알을 내놓고 빈 나뭇가지를 땅 속으로 찌르면 가뭄이 왔을 때를 대비해 물을 저장할 수 있다는 것을 발견하고, 사냥용 창과 단검 같은 도구를 처음으로 개발해 동물들을 죽여 먹을 수 있게 했으며, 언어를 처음으로 만들어 서로 의사소통하는 능력을 발달시켰다. 이러한 뇌는 집단으로 살면서 공동체 사회의 다른 이들에게 의존하게 했으며, 공감 능력과 집단 내에서 다른 이들을 돌보는 욕구를 발달시켜 그들도 우리를 보살피게 했다.

인간의 뇌는 인간이 지구에서 가장 사회적인 종으로 발달할 수 있었던 기반이다. 간단히 말해 인간이 그 당시 사회적이지 않았다면 이미 오래 전에 죽었을 것이다. 오늘날까지 연구를 거듭한 결과, 우리의 행복을 불러온 가장 큰 요소는 사회적 관계다.

〈뉴욕타임스〉 베스트셀러 저자인 다니엘 길버트는 저서 《행복에 걸려 비틀거리다》에서 다음과 같이 말했다.

"당신의 행복을 예측하고 싶을 때 만약 당신에 관해 단 한 가지만 알 수 있다면, 성별, 종교, 건강, 소득 등은 알고 싶지 않다. 대신 당신이 친구들, 또 가족과 맺는 관계가 얼마나 단단한지 알고 싶을 것이다."

사람들은 내게 항상 "월마트에서 일하는 것이 어떤 의미입니까? 항상 책을 쓰고 강연을 하며 시간을 보내지 않습니까?"라고 묻는다.

절대, 절대로 아니다. 나는 만약 하루 종일 집에 있는 어두운 방에서 환히 빛나는 스크린 앞에 앉아 있어야 했다면 미쳐버렸을 거라고 말한다. 그리고 외롭다. 무엇보다 직장에서 맺는 사회적 상호 관계를 놓친다. 일이 중요한 가장 큰 이유는 그것이 사회적이기 때문이다. 그러한 관계를 맺는 일은 우리의 날들에 풍요로움을 더한다.

카풀, 멘토 모임, 열린 작업 환경, 자선 단체, 학회, 청중 집단, 감사 메일, 금요일 아침 모임, 인사하며 미팅 시작하기, 비즈니스 북클럽, 점심시간 달리기 모임, 친목 저녁 식사, 함께 헬스클럽 가기, 심지어 정치적인 문제를 이해하는 모임에 이르기까지 모두 우리 삶을 풍요롭게 한다. 우리는 행복하기 위해 사회적 관계가 필요하다. 그리고 일은 중대한 사회적 자극을 제공한다.

구조적 이유

워런 버핏, 제이지, 버락 오바마, 오프라 윈프리, 브래드 피트, 마크 저커버그, 보노, 엘렌 드제너러스, 달라이 라마, 그리고 빌 게이츠의 공통점은 무엇일까?

아무것도 하지 않고도 모든 것을 얻는 법

그들은 유명하다. 부유하다. 그 외에 특별한 공통점이 하나 더 있다. 모두 일주일에 168시간을 사용한다. 그보다 많지도 않고 적지도 않다. 세계에서 가장 부유한 사람도 더 많은 시간을 살 수는 없다. 시간은 파는 것이 아니다. 그렇다면 어떻게 더 많은 시간을 창조할 수 있는지가 아닌, 어떻게 시간을 더욱 효율적으로 사용할 수 있는지 질문해야 한다. 우리는 시간을 획득할 수 없다. 하지만 시간을 구조화하여 삶에서 더욱 많은 것을 얻을 수 있다. 일은 이러한 구조를 제공한다. 이것이 어떤 의미인지 살펴보자. 우선 168시간이 아름다운 이유는 이를 매우 쉽게 셋으로 나눌 수 있다는 것이다.

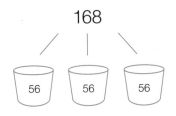

축하한다! 당신에게는 매주 56시간씩 들어 있는 시간 양동이 세 개가 주어졌다. 매주 월요일 아침, 지구상의 모든 사람들에게는 한 명도 빠짐없이 168시간이 주어지며, 그들은 일요일 자정에 종이 울릴 때까지의 매 시간을 보내야만 한다. 왜냐하면 시간은 우리가 만들어낸 것이고, 삶을 체계화하는 인생의 혼돈 위에 놓여 있는 존재이며, 자유롭고, 쉽고, 그리고 항상 그곳에 있는 것이기 때문이다. 우리는 시간을 낭비해도 고통을 느끼지 않는다.

나는 매일 8시간은 자야 만족한다. 물론 항상 그러긴 힘들지만 의

사들과 연구진들은 수면시간을 충분히 가져야 건강에 좋다고 끊임없이 말한다. 당신이 신생아를 돌보는 것이 아니라면 대부분 사람들은 잠자리에 들 시간을 선택한다. 일어나는 시간이 아니라 눕는 시간을 정한다. 그렇다면 7일 동안 하루 8시간씩 잔다면 총 수면시간은 얼마나 될까?

맞다. 56시간 분량의 양동이 하나가 통째로 들어간다.

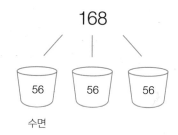

나 역시 월마트에서 풀타임으로 일한다. 아무리 매주 40시간씩 일하는 일정이 잡혀 있다 해도 집에서 일터까지 운전하는 시간까지도 포함해야 하는 것이 현실이다. 일에 대해 생각하고, 일을 하러 가고, 직장 동료와 전화를 할 수도 있다. 그것도 전부 일하는 시간이다. 게다가 집에 있어도 동료에게 이메일을 쓰고, 상사에게 이메일을 쓰고, 때로는 밤에 일을 하는 시간도 더해야 한다. 이를 전부 합하면 일을 하는 데 소요되는 시간이 얼마나 될까?

맞다. 두 번째 양동이 전체 분량이다.

아무것도 하지 않고도 모든 것을 얻는 법

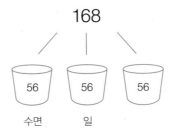

이러한 상황은 일을 하는 대부분 사람들이 비슷하다. 수면 양동이, 그리고 일 양동이기 기본이다. 하지만 여기 중요한 해결책이 될 양동이, 즉 56시간 분량의 양동이 하나 전체가 남아 있다! 만약 자거나 일하는 시간이 각각 56시간 미만이라면 축하할 일이다! 당신의 세 번째 양동이는 내 것보다 더욱 크다. 이제 세 번째 양동이다.

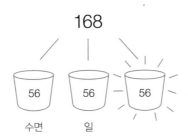

당신은 매주 56시간의 세 번째 양동이를 받는다. 여기에는 저녁에 외식하는 시간, 친구들과 함께 보내는 시간, 아이들과 영화 보는 시간, 축구팀에서 경기하는 시간, 조깅하거나 역기를 드는 시간, 친구들과 전화하거나 친구를 집으로 부르는 시간, 아이의 야구팀을 지도하는 시간, 커피숍에서 글 쓰는 시간, 음악 듣는 시간, 늦게까지 위

출하는 시간, 그리고 사랑하는 시간 등으로 채워질 수 있다. 일 양동이는 이러한 세 번째 양동이를 얻게 해준다.

집중하고 생산적인 방법으로 에너지를 투자할 수 있도록 우리의 시간을 구조화함으로써, 우리는 세 번째 양동이에서 느끼는 모든 재미를 얻고 정당화시킨다.

일은 이러한 구조를 제공한다. 일은 이러한 구조를 위해 비용을 지불한다. 월요일부터 금요일, 아침 9시부터 오후 5시까지의 근무시간이 사라진다면 우리의 삶은 모호해진다. 당신은 항상 일하고 싶은 갈증을 느낄 것이다. 돈과 사회적 자극도 필요하다. 그리고 이러한 것들과 가족과 친구 및 아이들과 함께하는 시간 사이에서 늘 균형을 이루기 원한다. 매주 세 번째 양동이를 어떻게 쓰고 싶은지 생각해보자.

내 경우에는 최근 거의 10년 동안 블로그 '세상에서 가장 신나는 이야기 1,000가지'에 글을 작성하고, 강연과 워크숍을 다니고, '행복한 세상을 위한 단체The Institute for global happiness'를 설립하고, 당신이 지금 읽고 있는 이 책에 가득 담긴 행복한 삶을 살아가기 위한 방법을 생각하면서 보냈다. 그런 생각을 하면서 살다 보니 행복하게 시간을 보내왔다.

나는 10년 동안 세 번째 양동이 전체의 시간을 그렇게 사용했다. 하지만 내가 강조하고 싶은 요점은 세 번째 양동이를 당신의 열정으로 채울 필요가 있다는 것이다. 당신은 세 번째 양동이를 열정으로 채울 자격이 있으며, 세 번째 양동이를 어떻게 쓸지 알아야 한다. 그리고 그것은 반드시 당신이 사랑하는 일이어야 한다.

아무것도 하지 않고도 모든 것을 얻는 법

자극의 이유

나는 어린아이들과 어울리는 것을 사랑한다. 그들이 세상을 보는 방식을 사랑한다. 그들은 처음으로 세상을 보기 때문이다. 3세 아이는 보도를 가로지르는 작은 곤충을 30분 동안 응시할 수 있다. 또한 처음으로 야구 게임을 보며 놀라움에 입을 다물지 못한다. 금이 간 야구방망이, 군중들의 함성소리, 달콤한 팝콘 향기에 푹 빠진다. 단지 물이 담긴 컵에 민들레를 꽂아 저녁 식탁을 장식하기 위해 오후 내내 뒤뜰에서 민들레를 뽑으며 시간을 보낼 수 있다. 자극에 반응하는 감각을 갖는 것은 당신 내면의 3세 아이를 받아들이는 일이다.

매일 일을 하면서 우리는 수백 개의 작은 기쁨을 경험한다. 하지만 그것들은 간과하기 쉽다. 반면 일은 소박한 즐거움을 매일 경험하게 해준다. 회의에서 방금 한 말에 모든 사람들이 동의할 때, 누군가 당신을 위해 복사기를 고쳐줄 때, 점심식사를 하고 돌아오면서 아까보다 훨씬 좋은 주차 공간에 주차할 때, 회의가 일찍 끝날 때, 직장동료가 컴퓨터 단축키를 알려줄 때, 사무실 주방에 먹다 남은 케이크가 있을 때, 마감 직전 큰 프로젝트를 끝낸 후 훌륭히 해냈다는 사실을 깨달을 때, 누군가 당신의 생일에 당신의 사무실을 장식했을 때 당신은 직장에서 소소한 기쁨을 느낀다.

각 회사에서 강연하면서 나는 모든 청중들에게 직장에서 일어난 신나는 일을 30초 동안 하나만 적어보라고 했다. 강연이 시작하기 전에 그들의 의자 위에 큐 카드를 올려놓았다. 그 다음 사람들에게 한 번도 얘기를 나누지 않은 다른 사람과 큐 카드를 교환하라고 했다. 그리고 강당 앞에서 사람들의 큐 카드를 읽었다. 나는 그 당시를 불과 얼마 걸리지 않은 시간 동안 수천 개의 신나는 일을 함께 찾아냈던 시간으로 기억한다.

"주전자에 뜨거운 물이 남아 있어서 내가 전혀 가열할 필요가 없을 때."

"만날 사람이 당신보다 더 늦을 때."

"상사가 고맙다고 말해줄 때."

중요한 것은 일이 삶과 세계에 관해 대단히 많은 새로운 것들을 배우고 발견할 수 있는 공간을 우리에게 제공해준다는 사실이다. 또한 직장 동료들은 우리가 직접 고용하지 않는다! 그러므로 일터에는 다양한 연령대와 배경, 경험, 생각이 존재하며, 이것들은 우리가 주변의 친구들과 가족에게 늘 얻을 수 없는 것이다. 다시 말해 은퇴는 우리가 세상의 자극을 배우고, 보고, 경험하는 기회를 없애는 것이다.

이야기의 이유

심장박동조율기는 생리학자 존 맥윌리엄이 인간의 심장에 전기 충격을 가하면 심실 수축을 초래한다는 사실을 발견해 〈영국 의학 저널〉에 발표한 1899년에 발명되었다. 다시 말하면 심장을 전기에 감전시켜 심장박동을 만들어낼 수 있다는 것이다. 1920년대에는 심장박동조율기의 초기 버전이 등장했다. 그것으로 심장에 플러그를 연결하고 벽에 플러그를 꽂았다. 효과는 훌륭했다. 1928년 호주 시드니에서 사산된 아기를 살렸을 때도 여전히 이 초기 버전을 사용했다. 충격을 가한 지 10분 만에 아기의 심장은 저절로 뛰었다.

하지만 1930년대부터 제2차 세계대전이 끝날 때까지 이 기술은 발전이 정체되어 있었다. 어떠한 개선도, 새로운 기술도, 상업화 시도도 없었다. 왜 그랬을까? 사람들은 심장박동조율기를 죽은 자를 살리는 기계라고 여겼기 때문에 자연스러운 과정을 거스르는 이 개념을 좋아하지 않았다. 그들은 좀비 영화를 지나치게 많이 본 것이 분명하다. 결국 1960년대에 와서야 '메드트로닉'이라는 의료기기 전문기업에 의해 완전히 주입할 수 있는 심장박동조율기가 대중화되었다.

메드트로닉의 임무는 무엇일까? 그들은 무엇을 하려고 했을까? 메드트로닉 회사 창립 당시 그들은 "우리의 임무는 고통을 경감해주고 건강을 회복시키며 삶을 연장해주어 인간 복지에 기여하기 위함이다"라고 자신들의 이야기를 밝혔다.

감동적이다. 아름답다. 멋진 이야기다. 만약 당신이 메드트로닉에서 일한다면 삶을 연장하고 건강을 회복하는 데 도움을 준다는 자부심으로 일할 것이다. 그리고 실제로 그들은 그렇게 받아들이기 쉽게 만들었다. 메드트로닉은 회사의 멋진 이야기를 사무실 여기저기에 붙이고 대규모 회사 미팅에서 환자들에게 메드트로닉 상품이 그들의 삶에 어떻게 영향을 주는지 읽게 함으로써 회사의 이야기를 그들의 삶으로 끌어들였다. 11세 소녀가 무대에 올라 다음과 같은 편지를 읽는다면 어떤 느낌이 들까?

"심장마비로 쓰러졌던 아버지에게 앞으로 살아갈 8년의 시간을 더 주신 것에 감사드립니다. 덕분에 사진을 찍으며 추억을 남겼습니다. 기회를 주시지 않았다면 할 수 없었던 일이죠."

당신이 지금 몸담고 있는 회사를 포함해 모든 회사는 그들의 이야기가 있다. 코카콜라는 세상 사람들에게 행복한 휴식을 주기 원한다. 하버드 경영대학원은 세상에 영향을 끼치는 리더들을 가르친다. 페이스북은 세상을 하나로 연결시키고 있다. 위키피디아는 모든 사람들에게 무료로 모든 양질의 지식을 제공하고 있다. 적십자는 인간의 고통과 괴로움을 예방하고 완화시킨다. 구글은 세계의 정보를 체계화한다. 전부 '이야기'다.

일을 할 때 당신은 당신 자신보다 더욱 큰 세계에 속하게 된다. 도서관에서 자원봉사를 하면 지역사회에 지식을 전파한다. 대학에서 가르치면 생산적인 사회 구성원을 키운다. 블로그를 작성하면 커뮤니티를 만들어낸다. 하지만 은퇴를 한다면?

더 이상 생산적인 이야기에 참여하지 못한다. 자신보다 큰 세계에 다시는 속하지 못한다. 이것은 당신의 이키가이를 방해한다. 그러므로 절대 일을 포기하지 말자. 일을 포기하면 매일 일터에서 얻는 사회, 구조, 자극, 그리고 이야기까지 포기하는 것이다. 돈이 아니라 위의 네 가지 이유를 잃지 않는 것이 무엇보다 중요하다.

아무것도 하지 않고도 모든 것을 얻는 법

절대
은퇴하지 마라

윌슨 선생님에게 물어볼 수는 없겠지만 그가 은퇴하기 전 마지막 몇 주 동안 가장 슬퍼보였던 것은 확실하다. 그는 학교를 떠나고 싶지 않았다. 그는 학생들을 사랑했고, 학교를 사랑했으며, 아이들이 인생의 길을 찾는 데 도움을 주는 일을 사랑했다.

그러나 정부는 그가 가장 원하는 일을 강제로 포기하게 했다. 그들은 상담실 총무와 함께하는 월요일 아침의 커피 한 잔과 점심시간의 복도 한 바퀴 산책, 그리고 매일 수많은 학생들에게 받는 에너지를 앗아갔다. 가정불화, 낙제, 결정에 관한 근심으로부터 아이들을 돕는 그의 감각을 앗아갔다. 그가 가장 사랑했던 것들을 앗아갔다.

윌슨 선생님은 오늘날 사람들이 생각하는 것처럼 은퇴는 우리가 실질적으로 원하는 꿈이 아니라고 가르쳤다. 실제로 우리는 아무것도 하지 않기를 원하지 않는다. 단지 사랑하는 어떤 일을 하기 원할 뿐이다.

헤이즐 매켈리언은 93세의 나이에 캐나다에서 다섯 번째로 큰 도시인 온타리오 주 미시사가의 시장직을 은퇴하기로 결심했다. 그녀는 12번 연속 재임에 성공하고 캐나다 총리 8명보다 오래 시장 자리에 머무르며 총 40년 이상 동안 일자리를 유지했다. 그녀는 왜 은퇴 나이 이후에도 거의 30년 동안 계속 일을 했을까?

"도전이었죠." 그녀가 말했다.

"나는 어떤 일을 해야 할지 몰랐어요. 계속 바쁘게 일하고 싶었죠."

우리는 도전을 원한다. 도전은 우리 자신과 세상에 활력을 주며 배우고 개선하는 감각을 갖게 해준다. 우리는 살아 있음을 느끼고 삶을 경험한다. 어떤 것이든 할 수 있다고 느낀다. 메리엄 웹스터 사전에 의하면 은퇴는 '자신의 위치나 직업, 혹은 활동적인 사회생활에서 물러난다'는 뜻이다. 쉽게 말하면 일에서 손 떼고 집에 가라는 것이다. 활동적인 사회생활에서 물러나면 어떤 일이 생길까? 게을러진다. 이것의 사전 의미는 '아무것도 하지 않으면서 시간을 보낸다'는 뜻이다. 아무것도 하지 않으면? 지루해진다.

메리엄 웹스터 사전에 의하면 지루함은 '흥미가 떨어져 지치고 싫증난 상태'라는 뜻이다. 즉, 뭔가가 빠져 있기 때문에 피곤함을 느끼는 것을 의미한다. 이게 당신이 원하는 일은 아닐 것이다.

인도네시아 작가 토바 베타는 은퇴를 고려하면 훨씬 빨리 늙는다고 했다. 결국 우리가 늘 마음속에 품고 있었지만 사실 완전히 잘못된 꿈은 바로 은퇴다.

〈포춘〉은 우리의 삶에서 가장 위험한 2년이 태어난 해와 은퇴한 해라는 기사를 게재했다. 은퇴가 윌슨 선생님을 죽음으로 몰아간 이유도 여기에 있다. 은퇴를 하면서 갑작스럽게 사회, 구조, 자극, 그리고 이야기를 잃는 동시에 은퇴라는 척박한 땅을 밟으니 은퇴라는 것이 그동안 원했던 것도, 꿈의 실현도 아니라는 사실을 깨닫고 무기력감에 파묻히게 되는 것이다. 그곳에는 희망이 없었다.

가끔 삶의 길을 잃을 때면 일을 해야 하는 네 가지 이유를 기억하자. 세상에는 당신처럼 문제와 도전에 맞서고 기회를 포착하여 흥미롭고 의미 있는 일을 하는 사람들도 많지만 그보다 아직도 남아 있는 문제, 기회, 그리고 도전할 것들이 훨씬 많이 존재한다. 당신이 할 수 있는 일도, 갈 곳도 무궁무진하다. 알찬 계획과 열정을 늘 생각하고 가슴에서 놓지 않는다면 어떤 일에도 몰입할 수 있다.

계속해서 배우고, 변하고, 성장하라. 그리고 절대 은퇴하지 않겠다고 약속하라.

우선 행복해져라

당신을 위해 하라

항상 복권을 떠올려라

절대 은퇴하지 마라

5장

하버드 출신보다
돈을 많이
벌 수 있는 방법

인생의 세 번째 양동이와 맞바꾼
12만 달러의 연봉

나는 하버드를 졸업하면 부자가 될 것 같았다. 하버드 캠퍼스를 2년 동안 거닐면서 나는 세계를 지배하고 모든 것을 손아귀에 넣는 영화 〈머니백〉에 출연한 것 같은 기분이 들었다. 하버드 캠퍼스에는 키가 크고 구부러진 오크 나무가 바람에 살랑살랑 날리고, 아름다운 벽돌 건물과 깔끔하게 손질된 담쟁이덩굴, 그리고 완만하게 경사진 잔디 위로는 물방울무늬 그림자가 드리워져 있다. 학생들은 30피트 높이의 조각이 새겨진 나무문을 편하게 열고 대리석 타일이 깔린 도서관으로 들어간다. 쉬는 시간에는 카페테리아에서 주문한 스시를 받은 후, 값비싼 예술 원작품이 크게 걸린 벽면에 맞닿은 브라운 가죽 소파에 앉아 친구들과 함께 음식을 먹는다. 하버드 경영대학원에 다니는 학생들은 실제로 부자이기 때문에, 혹은 막 부자가 되려는 참이기 때문에 스스로 부자라고 느낀다. 하버드 졸업생의 평균 연봉은 자그마

아무것도 하지 않고도 모든 것을 얻는 법

치 12만 달러(약 1억 3,000만 원)이다. 참고로 평균 미국인의 연봉은 2만 4,000달러(약 2,600만 원)다.

이것은 어리고 건강하며 티 없이 순수한 눈의 26세 젊은이가 하버드 경영대학원에서 2년 동안 지식을 배우면 평균 미국 시민이 버는 돈의 5배를 번다는 의미다. 나도 하버드 졸업 이후 연봉이 거의 3배가 올랐다. 사실이다. 하버드를 다니면 실제로 부자로 만들어주기 때문에 부자라고 느낀다. 그런데 과연 진짜 그럴까?

나와 친구들은 졸업을 앞두고 함께 장거리 자동차 여행을 떠났다. 그리고 졸업 후 친구들은 모두 각기 다른 분야로 흩어졌다.

마크는 아내와 함께 휴스턴으로 이사했다. 그곳에서 그는 유명 컨설팅 회사에 들어갔다. 하버드 경영대학원 졸업생의 약 4분의 1이 컨설팅 회사에 취직하며, 이들은 보통 업무 시간이 악명 높게 힘든 것으로 유명하다. 현지 법인에 있지 않는 한 대부분 컨설턴트는 월요일 아침에 비행기를 타고 날아와서 목요일 밤에 비행기를 타고 집으로 향한다. 그렇게 매주, 매달, 영원히 반복한다.

크리스는 규모가 큰 차터 스쿨의 부총장이 되어 워싱턴으로 갔다. 우리는 계속 연락을 했지만 그는 내가 전화를 할 때마다 항상 일을 하고 있었다. 장거리 자동차 여행에 관해 얘기하다가 내가 물었다. "요즘 잠은 좀 자니?" 크리스는 "음, 나는 매일 아침 7시쯤 출근해서 밤 9시쯤에 집으로 와. 주말에도 보통 몇 시간씩은 일을 해. 그래서 충분히 자긴 하지만 그렇게 많이 잘 수는 없지"라고 했다.

라이언은 뉴욕에 있는 사모투자회사에 들어갔다. 하버드 경영대학원 졸업생의 또 다른 4분의 1은 투자은행, 사모펀드투자회사 혹은 헤지펀드투자회사에 취직한다. 그들은 규모가 큰 기업이 서로 인수하고 고정 자산에 투자하는 과정 및 복잡한 투자 상품을 만드는 일을 돕는다. 하지만 라이언은 일주일 내내 오전 10시경에 일을 시작해서 밤 11시까지 일을 한다고 했다.

소냐는 실리콘밸리에 있는 대규모 기술 기업에 들어갔다. 이러한 세계적인 IT 공룡 기업들은 하버드 출신의 거의 4분의 1을 채용하며 고급음식과 드라이클리닝, 사무실 내의 탁구테이블을 제공해주는 것으로 명성이 자자하다. 졸업하고 1년 후 소냐에게 연락했을 때 그녀는 자신의 일을 사랑하며 한 주에 80시간씩 일한다고 했다.

이 모든 게 내게는 말도 안 되는 일처럼 느껴졌다. 하지만 내 친구들은 모두 일주일에 80시간에서 100시간씩 일을 하고 있었다. 그들의 세 번째 양동이는 어디에 있을까? 나는 모두들 제 정신이 아니라고 생각했다.

하버드 시절을 돌이켜보면 채용설명회 기간에 맥킨지의 컨설턴트들과 함께 저녁식사를 했던 것이 생각난다. 그들은 보스턴으로 날아와 우리와 같이 호화로운 식사를 하며 와인을 곁들었다. 우리는 값비싼 와인을 마셨고, 맛있는 고급 음식을 먹으며 꼭두새벽까지 세계의 각종 이슈에 관한 이야기를 나눴다. 지적 호기심을 자극하는 대화에 내 뇌는 달아올랐다. 그들은 따뜻하고 친절했으며 기가 막히게 똑똑했다. 매우 즐거운 밤이었다.

하지만 내 머릿속에 가장 강하게 박힌 것은 우리가 새벽 2시 경에 이야기를 끝냈을 때 맥킨지 컨설턴트들은 모두 다시 일을 하러 갔다는 것이다. 그들은 상하이에서 걸려온 전화 회의를 받고 급한 듯이 펄쩍 뛰더니 노트북을 열고 이메일을 보내거나 다음 날 프레젠테이션을 마무리하려고 모였다. 모두 새벽 2시에 일어난 일이다! 컨설턴트와 금융계 종사자들은 대부분 하버드 경영대학원 졸업생으로 채워져 있으며 그들은 매주 대략 80시간에서 100시간씩 일을 한다. 자, 그렇다면 그들이 진짜로 매년 12만 달러를 벌고 있는 걸까?

분수의 개념을 혹시 기억하는가? 자, 방금 알아본 하버드 졸업생 연봉 12만 달러도 분수의 개념을 이용해 설명할 수 있다.

$$\frac{12만\ 달러}{1년\ 동안\ 일을\ 하는\ 시간}$$

꽤 그럴 듯해 보이지만 여기에는 한 가지 문제가 있다. 1년 내내 한 순간도 제외하지 않고 일하는 사람은 없다. 그러므로 '1년 전체의 시간 동안 얼마나 많은 돈을 벌었는가'라는 표현은 말이 안 된다. 마치 한 해의 마지막 날 다정한 악수와 함께 거대한 판지로 만든 지불 수표로 연봉을 건넨다는 것과 같다.

"축하하네, 샘슨. 당신은 지난 12개월 동안 판매 목표를 달성했어. 1년 내내 매일같이 일해서 결국 이것을 받게 됐네. 여기 당신의 연간 지불 수표일세."

하지만 현실은 다르다. 우리는 연간 일한 만큼의 돈을 받지 않는다. 우리는 시간당 일한 만큼 아주 작은 지폐로 돈을 받는다. 내가 처음으로 베이비시터 일을 했을 때 시간당 5달러를 받았다. 스트링 치즈를 무한대로 먹으면서 8살 아이들 두 명을 보살핀 것치고는 매우 후한 금액이었다. 이후 정원 일을 하고 부모님에게 시간당 10달러를 받았다. 이것도 부모님이 상당히 후하게 주신 것이다. 현 시세로 나뭇잎을 갈퀴로 모으고 차도의 눈을 치우는 일도 그 금액보다 낮게 받는다. 비록 내가 뇌물을 지불해 그들이 성가신 건강보험을 들지 않게 도와줬지만 말이다. 내 친구들 몇몇은 건설 일을 하고 시간당 12달러를 받았다. 어떤 친구들은 수영장에서 안전요원으로 일하고 시간당 16달러를 받았다. 한마디로 모든 일은 시간당 계산하여 돈을 받는 것이 핵심이다. 누구는 한 주에 40시간 일을 하고, 누구는 80시간 일을 하고, 누구는 100시간이나 120시간 일을 한다. 하지만 당신이 버는 돈이 얼마나 많은지와 상관없이 분자가 받는 금액이고 분모가 일한 시간이다. 모든 일은 시간당 급료를 받는다.

하버드 경영대학원 졸업생은 많은 사람들이 버는 돈의 두 배나 세 배를 받지만, 그들은 대부분 두 배나 세 배의 시간만큼 더 일한다. 당신이 그렇게 많이 일할 때는 차도의 눈을 치우고, 아이들과 놀고, 정원을 가꿀 시간은 거의 없다. 그렇게 되면 싼 가격에 그런 일들을 할 사람을 고용할지도 모른다. 당신은 여전히 즐겁게 살 것이다. 솔직히 말해서 당신이 버는 돈으로 호화스러운 휴가와 고급 레스토랑도 충분히 갈 수 있다. 어쩌면 훨씬 더 신나게 살 수도 있다. 하지만 재미를 위한 시간은 줄어든다. 당신의 세 번째 양동이는 사라진다.

눈을 막 치운 깨끗한 차도에 자부심을 느끼고, 당신의 아이가 새로운 단어를 알아가는 과정을 보며 기쁨을 느끼고, 혹은 가을에 심은 튤립이 마침내 봄에 활짝 피는 모습을 보는 순간이 당신에게 얼마나 중요한지 생각해보자. 당신이 원하는 삶을 생각하라.

그들에게는 없는
삶을 변화시킬 수 있는 40만 시간

다음은 하버드 경영대학원 출신이 가장 평범한 직업인 소매점 부지배인과 초등학교 교사에 비해 얼마나 많은 돈을 버는지 나타낸 표다.

	하버드 경영대학원	소매점 부지배인	교사
급여/년	12만 달러	7만 달러	4만 5,000달러
휴가	2주	2주	12주
일하는 주/년	50주	50주	40주
일하는 시간/주	85	50	40
일하는 시간/년	4,250	2,500	1,600
급여/시간	28달러	28달러	28달러

그들은 모두 시간당 28달러를 번다. 내가 이 숫자들을 어디서 얻었을까? 교사들은 수업이 있는 날에 점심시간 1시간을 제외한 7시간 동안 가르친다. 하지만 우리는 모두 이들이 얼마나 힘들게 일하는지 알고 있다. 그들의 일은 단순히 힘든 것보다 훨씬 가치 있는 일이라는 것도 안다. 나의 아버지와 아내 레슬리는 학교 선생님인데 그들은 매번 집으로 일을 갖고 온다. 평균적으로 교사는 매일 밤마다 1시간에서 2시간 정도 일을 한다! 시험지를 채점하고, 과제물을 검사하고, 수업 준비를 하고, 학생들을 지도한다. 그래서 나는 이들이 한 주에 일하는 시간에 10시간을 추가했다.

그리고 하버드 경영대학원 출신이 한 주에 85시간 일하는 것은 데이터와 연구 결과, 개인 경험을 토대로 한 대략적 평균 수치다. 시카고 호텔 방에서 임시로 컨설팅 일을 하거나 투자 은행 거래를 위해 뼈 빠지게 일하면 여유 있는 저녁이나 주말은 불가능하다.

위의 수치들은 대개 정확하지만 여기에도 예외가 있다. 예를 들어 한 주에 85시간 일하는 교사나 40시간 일하는 하버드 경영대학원 출신도 있을 수 있지만 평균 수치로 살펴보는 것이다. 이 표의 요점은 무엇일까? 그들은 모두 시간당 28달러씩 번다는 것이다. 그렇다면 당신이 하버드 출신보다 더욱 많은 돈을 버는 방법은? 두 가지가 있다.

1. 그들보다 많은 시간 일하면서, 동시에 훨씬 많은 돈을 번다.
2. 그들보다 훨씬 적은 시간 일하면서, 동시에 적은 돈을 번다.

이러한 방법이 성립하는 건 시간에 가장 큰 가치를 둘 경우다. 여기서 주의할 점이 있다. 핵심은 당신이 갑자기 흥미와 열정, 경력을 낮춰야 한다는 얘기가 아니다. 내가 말하고 싶은 건 시간당 버는 돈이 얼마인지 계산하고 그 수치를 알고 있으라는 뜻이다. 이 숫자를 꼭 기억해야 한다.

시내에서 밤낮없이 일하는 변호사 친구들은 매번 농담조로 말한다. "계산해보면 실제로 우리가 버는 돈은 최저 임금보다 낮아." 그 친구들 말이 맞다. 그리고 솔직히 말해서 그들을 이해할 수 없다. 이 책을 읽는 독자들은 최저 임금보다 적은 돈을 벌지는 않았으면 좋겠다.

하버드 경영대학원 출신보다 더욱 많은 돈을 버는 방법은 우리의 연봉을 12만 달러, 15만 달러, 50만 달러로 올리는 것이 아니다. 시간당 얼마나 돈을 버는지 계산해보고, 당신에게 가장 큰 가치를 두어 당신이 즐기는 유일한 것을 위해 일하며 시간을 보내는 것이다. 오늘날 세계의 평균 기대수명은 70세인데 우리는 그중 3분의 1에 달하는 시간을 잠을 자며 보낸다. 이것은 인생 전체를 통틀어 40만 시간 동안 깨어 있는 것을 의미한다. 인생 전체를 통틀어 활용할 시간이 40만 시간인 셈이다.

당신에게 가장 큰 가치를 두길 바란다. 그러면 일하는 모든 시간을 당신이 사랑하는 일을 하면서 보낼 수 있을 것이다.

우선 행복해지거라

당신을 위해 일을 하라

항상 복권을 떠올려라

절대 은퇴하지 마라

당신에게 가장 큰 가치를 두라

6장

결코 다시는 바쁘게
살지 않는 법

당신의 삶에 여유를 선물해줄
'공간 그림'

몇 년에 걸쳐 나는 수많은 비즈니스 리더들이 지쳐 쓰러지는 모습을 목격했다. 그들은 가끔 엄청난 불길 속에서 정신없는 나날을 보낸다. 몇 달 동안 출장을 다니던 컨설턴트는 갑자기 비행기 불안발작을 일으킨다. 영향력 있는 40대 CEO들은 심근경색이나 뇌졸중으로 치료를 받기도 한다. 이들은 자살을 시도하기도 한다. 일을 지나치게 많이 하는 리더들의 속은 새카맣게 다 타들어가 있다. 결코 긍정적 의미는 아니다.

이제 또 다른 그림을 살펴보자. 이것은 '공간 그림'으로, 많은 일을 하고 많은 생각을 하는 생활을 간신히 해내는 위와 같은 리더들에게 배운 사실을 반영해 만들어졌다. 그들은 병원에 검사받으러 가지 않고도, 밀려드는 생각과 행동의 파도 속에서 어떻게 균형을 맞춰야 하는지 깨달았다. 나는 그동안 호텔업계 CEO와 명품광 억만장

아무것도 하지 않고도 모든 것을 얻는 법

자, 〈뉴욕타임스〉 베스트셀러에 세 번이나 오른 작가가 완전히 마스터한 이 공간 그림을 주시해왔다. 물론 이것은 특정한 성격이나 기질, 경향과 관련이 없다. 단지 균형을 맞춰야 한다는 점이 중요하다.

이 공간 그림을 활용하면 더욱 많은 일을 해낼 수 있으며, 동시에 행복하게 그 일을 하게 된다.

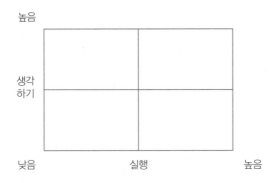

이 그림의 오른쪽 상단 모서리 부분(1분면)은 과도하게 일에만 빠져 살고, 밤낮없이 이 생각 저 생각에 치여 살 때를 나타낸다. 정말 바쁘게 열심히 살 때, 우리는 정확히 오른쪽 상단, 1분면 끝에 위치한다. 이때는 가능한 많이 생각하고, 가능한 많은 일을 한다. 밤을 새워 회의를 준비할 때, 대규모 상품 출시에 바쁜 한 주를 보낼 때, 취직한 첫 달에 보통 그렇다. 이 모퉁이에 있을 때면 매우 뿌듯하다. 이곳에서 당신은 상황에 완벽하게 몰두하고, 완전히 빠져들며, 제대로 불이 붙는다.

바로 이거다. 많은 일을 하고 많은 생각을 하는 당신은 양쪽 끝에서 타들어가고 있다. 다시 말해, 지나치게 무리하며 몸을 혹사시키고 있다. 무엇 때문에? 과도한 생각과 일 때문이다.

타오르는 촛불은 아름다운 불빛을 내뿜는다. 타오름 칸을 벗어나기가 어려운 건 그곳에서라면 많은 일을 해낼 수 있기 때문이다. 이곳에서 당신은 놀라울 정도로 생산적이다. 엄청난 수준이다. 신장 꼭대기에 있는 배터리 크기의 샘에서 분출된 아드레날린이 당신을 계속해서 최대의 속도로 달리게 한다. 이때 피드백 구조를 주의 깊게 관찰한다. 높은 보너스는 추가적인 노력의 보상이고, 고객들은 최선의 노력을 다한 직원에게 감사카드를 보낸다. 상사는 지나치게 힘든 마감 기한을 지켜낸 당신을 자랑스럽게 여기지만, 조금 지나면 그보다 더욱 힘든 마감 기한이 있는 일을 제시한다. '이것이 악의적인 피드백일까? 아니, 원래 그러려고 만들어졌다. 그렇다고 이러한 방법이 통하는 비즈니스 모델을 찾는다면 위험한 부작용이 나타날 수 있다.

아무것도 하지 않고도 모든 것을 얻는 법

세계적인 일류 컨설팅 회사의 한 사장은 언젠가 거하게 술을 마신 저녁 식사 후 내게 이렇게 말했다.

"우리는 수많은 보상과 칭찬이 필요한 아이비리그에서 최고의 성적을 받은 인재를 찾았네. 그런 다음에 마감 기한, 프로젝트, 프로모션을 하나씩 진행할 때마다 당근을 제공했더니 그들은 끊임없이 자신을 채찍질했지. 매번 언덕을 넘으면 더욱 큰 보상이 주어졌고, 그러고 나면 더욱 높은 언덕이 나왔거든."

타오름 칸은 이처럼 매우 생산적이므로 뿌리치기가 상당히 힘들다. 이곳에서 사람들은 희열을 느낀다.

언젠가 한번, 학회 패널로 나온 소매점 최고운영책임자가 하는 말을 들었을 때 얼마나 놀랐는지 모른다.

"상점 관리자가 집을 사는 건 나쁜 신호입니다. 그들이 안주하고 있다는 의미거든요. 한물 갔다는 의미일 수도 있어요. 우리는 최고의 관리자들을 이 도시에서 저 도시로 계속 이동시키기 때문에 그들은 끊임없이 새로운 커뮤니티를 배우고 새로운 사회적, 일적 시스템을 발달시킵니다. 이것은 우리 입장에서 새로운 개념을 얻는 큰 힘이 되죠. 그리고 그들이 그곳에 익숙해질 때쯤에 다시 그들을 이동시키는 겁니다!"

그가 고양이를 쓰다듬고 사악한 웃음을 지으며 마호가니 테이블의 상석에 앉아서 이 말을 한 것이 아니다. 그는 단지 비즈니스를 위해 가장 효과적이었던 방법을 공유했을 뿐이다. 가장 좋은 방법을 찾는 것이 그의 일이었으니 말이다.

내가 말하고 싶은 것은 자신의 몸을 불사르는 것에는 아무런 문제가 없다는 점이다. 하지만 몸을 소진시키는 것, 즉 번아웃에는 문제가 있다. 많은 일을 해내면 기분이 좋지만, 지나치게 무리하지 않도록 조심해야 한다. 한계에 도달하기 직전이라고 당신에게 말해줄 용기 있는 사람은 흔치 않다. 신경쇠약에 걸리고, 심장마비가 온다면 그때는 이미 너무 늦다. 해결책은 무엇일까? 바로 여유다.

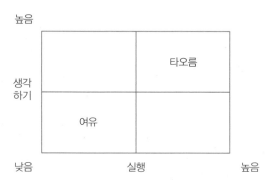

여유는 타오름과 완전히 반대되는 개념이다. 이때는 아무것도 생각하지 않고, 아무것도 하지 않는다. 아무런 계획도, 생각도 없이 모래사장에서 휴가를 즐긴다. 태양이 당신을 내리쬐고 저 멀리서 파도가 넘실거리며, 당신의 마음속에 소리 없이 비집고 들어간 모든 것이 서서히 사라지는 가운데 해변 의자에 누워 있는 것, 이것이 여유다. 빡빡하게 짜인 일정이 있거나 계속 이메일 알림음이 울리는 휴가는 여유가 아니다. 이렇게 해서는 뇌의 활동 영역과 생각 영역이 완전히 꺼지지 않는다. 이를테면 나무가 우거진 오두막집을 찾아가거나, 조용한 장소에서 명상하거나, 혹은 욕실에서 홀로 문을 잠그

아무것도 하지 않고도 모든 것을 얻는 법

고 있는 것도 여유가 될 수 있다. 당신은 여유가 필요하다! 하지만 타오름처럼 여유 역시 중독성이 강하므로 조심할 필요가 있다. 예를 들어보자.

엄마는 여동생과 내가 집에서 독립하는 동시에 직장에서 은퇴했지만, 반면 아버지는 여전히 매일 시내에 차를 몰고 다니곤 했다. 엄마는 갑자기 사회적 구조에서 벗어나고 계획된 활동 없이, 그리고 만나는 친구들도 없이 집에 홀로 남게 되었다. 은퇴 후 얼마 동안은 여러 생각을 하며 보냈지만 이 순간 주중과 주말의 경계가 모호해지고, 개인적 문제들조차 전혀 해결될 기미가 보이지 않으면서 엄마는 결국 무엇을 할 시간도, 생각할 시간도 결코 없다는 사실을 알아차렸다. 이러한 상황은 엄마가 브릿지 클럽에 참여하여 전문적인 인맥을 얻고, 주중 하루 동안 손녀를 돌보게 되기 전까지 계속되었다. 끝나는 날짜나 이키가이 없이 무한정 계속되는 여유는 제자리에서 빙빙 돌게만 할 뿐이다. 그렇다면 다른 두 칸에서는 어떤 일이 일어날까?

	높음	
	생각	타오름
생각하기		
	여유	행동
낮음	실행	높음

'생각' 칸은 말 그대로 생각하는 곳이라는 뜻이다. 매우 간단하다. 이곳에서는 깊이 생각하고 아무것도 하지 않으면서 여유를 가지지만, 정신만은 여전히 바쁘게 유지한다. 이를테면 저술 활동을 하고, 책을 쓴다. 또한 일을 하며 친구, 파트너, 혹은 치료사와 이슈에 관해 이야기한다. 모두 멋진 일이다. 이때 신체적으로는 완전히 휴식을 취함으로써 당신이 완벽하게 생각을 충족할 수 있도록 해준다.

'행동' 칸은 무언가를 한다는 뜻이다. 아무것도 생각하지 않고 단지 무언가를 하는 것이다. 이를테면 산에서 하이킹을 하고, 격렬하게 운동을 한다. 신체적으로 바쁘게 움직인다. 당신의 모든 피를 근육으로 모이게 하면서 복잡한 생각을 날려버리고 정신적 긴장을 푼다. 어떤 순간이든 당신은 공간 그림 네 칸 중 하나에 속한다. 그리고 매 순간 당신이 저 네 가지 공간 중 어떤 곳에 속해 있으며, 이후 어떤 섹션으로 이동할지 숙지할 필요가 있다.

행복한 사람들은 공간 그림 상자 안에서 번갈아 움직인다. 이 칸에서 저 칸으로 끊임없이 오간다. 가끔은 빙빙 돌고, 뛰어다니기도 한다. 그들은 자신이 어떤 칸에 있는지 알고 있으며 여유를 갖는 방법도 알고 있다.

아무것도 하지 않고도 모든 것을 얻는 법

여유와 창의력을 동시에 갖게 해주는
세 가지 장소

　여유를 가진다는 것은 단순히 쉰다는 의미일까? 아무것도 하지 않고? 아니다. 그보다 훨씬 중요한 개념을 포함한다. 여유 자체는 생산적인 목표를 갖는다.

　크리스 울리치는 급성장한 IT 회사의 대표다. 디지털 어플, 디지털 화폐, 디지털 발전 등, 그의 삶은 온통 디지털로 가득하다. 하지만 그는 침대 옆에 놓인 노트에서 가장 좋은 아이디어가 떠오른다고 말한다. 예전에 한 유통회사 CEO는 언제나 숲속을 장시간 달리는 도중에 골치 아픈 비즈니스 문제들의 해결책을 찾는다고 말했다. 마음속으로 그려보자. 사무실, 이사회, 또는 회의실에서가 아니다. 단순히 숲속을 달리면서 그러한 과정이 이루어지는 것이다. 북미에서 가장 규모가 큰 연예 기획사를 운영하는 테디 크라비츠는 설명할 수는 없지만 일요일 아침 3시간 동안 바이크를 탈 때마다 늘 뭔가 다르게 시도할 수 있는 눈부신 아이디어를 얻는다고 한다. 그래서 그는 바이크를 하는 동안 자신에게 음성메일을 남길 수 있도록 팔에 고정되는 전화기를 급하게 제작했다. 창의성연구자들은 머릿속에 갑자기 번뜩이는 아이디어가 떠오르는 공간으로 종종 다음의 세 가지 장소(3B's)를 꼽는다.

침대(Bed)

욕조(Bathtub)

버스(Bus)

《지그재그, 창의력은 어떻게 단련되는가》의 저자 키스 소여는 "직장 내의 문제에서 잠시 벗어날 때면 우리가 하는 일과 맥락이 변하는데, 이것이 뇌의 다른 영역을 활성화시킵니다. 만일 우리가 사용하고 있던 뇌의 영역에 답이 없다면 다른 영역에 있겠죠. 운이 좋다면 다음 맥락에서 임시로 미뤄놓은 문제에 관련된 무언가를 듣거나 볼 수 있는 것입니다"라고 말했다.

뉴턴이 중력을 발견한 장소는 어디였을까? 그는 사과나무 아래에 앉아 있다가 중력의 원리를 알아냈다. 닐스 보어가 원자 구조를 발견한 장소는? 거대한 현미경이 있는 실험실? 칠판에 방정식이 가득 적힌 교실? 세계적으로 위대한 지성인들이 모인 회의 중? 아니다. 그는 꿈을 꾸면서 독특한 이미지를 발견했다.

아르키메데스가 물의 배수량으로 불규칙한 물체의 부피를 측정할 수 있다는 원리를 발견한 곳은 어디였을까? 욕조에 들어갈 때 물이

밖으로 흘러나오는 것을 발견했을 때였다. 그 원리를 알아낸 순간 그는 "유레카!"라고 외쳤다.

어떻게 이런 일이 일어날까? 한 마디로 무엇을 하려고 생각하지 말고, 생각하려고 하지도 말아야 한다. 둘 다 멈추면 뇌가 실제로 자극을 받는다.

1993년 혁신적이었던 허블 우주 망원경이 고장 나면서 나사는 위기에 부딪쳤다. 드높은 상공에서 지구 주위를 돌던 허블 망원경은 부서진 96인치의 거울 때문에 궤도에 오른 후에도 해야 할 일, 즉 우주 사진을 찍어서 별로 이루어진 그 공간이 얼마나 광활하고 오래되었는지 파악하는 일을 제대로 하지 못했다. 이는 상당히 중요한 임무였다.

나사는 1986년에 챌린저호 폭발 사고가 발생하고 그 전 해에 발사한 탐사선 마르스 옵서버호가 완전히 실종되면서 이미 휘청거리고 있었다. 여기에는 8억 1,300억 달러가 들어갔다. 이제 허블 망원경조차 고장 난 상태로 궤도를 돌고 있었다. "우리 모두는 큰 압박을 느끼고 있습니다." 당시 나사 비행 프로젝트의 부책임자 조셉 로텐베르그는 이렇게 말했다. 지원이 끊기면 어떻게 될까? 프로그램이 중단되면? 그렇게 잔뜩 겁먹은 그들은 곤경에 빠져서 두려운 일을 겪어온 많은 기구들이 했던 것과 똑같은 행동을 했다. 고집스럽게 그들의 입장을 밀고 나가면서 전부를 걸었던 것이다.

나사는 돈줄을 풀어 그들의 가장 숙련된 우주 비행사들이 200개의 주문제작한 기구를 장착하고 상공으로 올라가서 허블 망원경이 우주 상공을 빙빙 도는 동안 망원경 내의 왜곡된 거울을 실제로 수

리할 수 있게 훈련시켰다. 그들은 명성을 지켜야만 했다. 하지만 한 가지 문제가 있었다. 과학자들의 현금이 바닥나고 몇 달이 흘렀지만 아무도 망원경 내에 새로운 거울을 어떻게 붙여야 할지 생각해내지 못했다. 그들은 결국 해결책을 어떻게 얻었을까? 여유를 가졌다.

하루는 나사 엔지니어인 짐 크로커가 독일에 있는 호텔에 들어가 샤워를 하던 도중 유럽식 샤워꼭지에 접이식 팔을 이용한 각도를 조절할 수 있는 막대가 부착된 것에 주목했다. 영감이 떠오른 그는 이같은 막대를 이용해 망원경 내에 새로운 거울을 부착하는 방법을 그려봤다. 지금 돌아보면 이 순간은 분명 망원경이 오늘날까지 제대로 기능을 발휘하게 해준 비법이었다.

짐은 금요일 늦은 시간까지 일하지 않았다. 주말 내내 실험실에 박혀 있던 것도 아니었다. 그는 단지 휴가에서 샤워를 하면서 뇌의 긴장을 푸는 여유를 가졌다. 뇌는 자신이 할 일이 무엇인지 특별히 지시받지 않았지만 그 일을 제대로 수행했다. 오늘날 허블 망원경은 일정 시간마다 다채롭고 혼을 쏙 빼놓는 멋진 이미지를 보내며 전 우주로 상상력을 확장하게 해준다. 모두 독일 호텔에서의 샤워 덕분이다.

서스펜스의 거장이라 불리는 알프레드 히치콕은 60년 동안 〈싸이코〉와 〈새〉를 비롯한 50편이 넘는 영화를 감독했다. 그는 어떻게 힘든 시나리오 작업을 하면서 여유를 가질 수 있었을까? 그의 공동 집필자 중 한 사람은 이렇게 말한다.

"막히는 순간이 있거나 서로 의견이 맞지 않아 충돌할 때면 그는 모든 것을 멈추고 갑자기 영화와 전혀 상관없는 이야기를 하기 시작

아무것도 하지 않고도 모든 것을 얻는 법

했어요. 처음에는 화가 났지만 곧 그가 의도적으로 그렇게 한다는 사실을 깨달았죠. 그는 중압감이 가중된 상황에서 일하는 것을 불신하며 이렇게 말하곤 했어요. '우리는 압박이 너무 많아. 너무 많다고. 지금 지나치게 열심히 일하고 있어. 편안히 쉬게. 그러면 해결될 거야.' 그리고 그런 다음에는 언제나 일이 쉽게 풀렸어요."

마음에 여유가 생기면 굳이 직접 나무 숟가락으로 뇌를 휘젓지 않아도 저절로 생각이 움직이며 소용돌이친다. 자유롭게 서로 다른 방향으로 날아온다. 그리고 우리는 생각이 돌아오는 느낌을 맛보는 이 순간을 종종 즐긴다. 여유의 효과는 좀 더 분명하지 않은 방법으로 찾아오기도 한다. 런던과 서울, 파리에 전시회를 열었던 추상화 화가 니콜 카트수라, 그는 여유에 관해 어떤 말을 했을까?

"스튜디오에서 가장 창의적인 순간은 허공의 목소리를 들을 때예요. 이때는 시간이 천천히 흐르다가 별안간 빨라져요. 내 안의 무의식과 의식이 평온해지고 나는 더 이상 아무것도 모르는 텅 빈 상태가 되죠. 그렇게 허공에 닿을 때면 나는 캔버스에 그림을 담아내는 행위에 완전히 사로잡혀요. 일종의 명상 상태가 되는 거죠. 그 순간 내 주변은 단지 백색소음뿐, 웅얼거리는 소리도, 생각도, 물질적인 것도 모두 사라지고 오직 그림과 캔버스만 존재해요. 허공 속에서 시간이 얼마나 빨리 흘렀는지, 내가 전에, 혹은 그 순간 무엇을 했는지 전혀 기억하지 못해요. 이때가 가장 생산적이며 창의적인 시간입니다. 가장 뛰어난 작품이 탄생하는 순간이죠."

그녀는 그림에 실제로 있는 여백을 어떻게 설명할까?

"나는 다음 같은 순간을 다시 만들려고 노력해요. 추상적인 이미지 사이에서 안정과 휴식, 평온을 전달하면서, 정돈 속의 혼돈이 존재하는 짙고, 화려하며, 조각 같은 수많은 그림으로부터 관객들의 눈을 쉬게 해주죠. 나는 무엇보다 정적의 순간이 우리 주변에 있는 모든 작은 것부터 큰 것까지 전부 이해하는 중요한 순간이라고 생각해요."

그렇다면 우리는 어떻게 여유를 가질까? 뉴턴이나 보어, 아르키메데스처럼 정신을 자유롭게 하려면 어떻게 할까? 나사와 히치콕, 카트수라처럼 가치 있는 통찰력을 얻기 위해 뇌를 열려면 어떻게 할까? 비즈니스에 도움을 줄 획기적인 아이디어가 떠오르는 여유를 갖기 위해 어떻게 생각을 정리할까? 이것이 일요일 아침에 조깅을 하는 것만큼 그렇게 단순할까?

아니, 그렇지 않다. 조깅할 시간이 없을 수도 있다. 거리를 달리는 동안 정신적으로 억압감이 들 수도 있다. 하고 있는 일이 지나치게 많을 수도 있다. 중요한 회의를 비롯해 매일매일 바쁜 날들 뿐이다.

하지만 이제 당신은 '공간 그림'을 알고 있다. 공간 그림의 필요성도 알고 있다. 이제 단순히 "휴가를 더욱 많이 가라고, 멍청아!"라고 하는 대신, 여유를 가질 수 있는 세 가지의 구체적이고 실제적인 방법을 여러분과 공유하려고 한다.

지금부터 인생에서 세 가지의 제거할 것들을 소개할 것이다. 여유는 잘라내는 것에서 시작된다. 넝쿨을 잘라내야 빽빽한 정글에 공간이 생긴다. 회의 스케줄을 잘라내야 달력에 여유가 생긴다. 선택, 시간, 기회를 잘라내야 여러분의 인생에 빈 공간, 즉 여유가 만들어진다.

아무것도 하지 않고도 모든 것을 얻는 법

결정을 두 배로
빨리하는 법

우리는 협소한 6인승 비행기에서 빠져나와 조심스럽게 금속 계단을 내려갔다. 짙푸른 하늘이 벽지처럼 세상을 감싸고 있는 가운데 우리는 주변을 온통 둘러싼 텅 빈 노란 들판을 응시했다. 나는 유럽 의류 업체 CEO 피터 애스톤의 공식 관광가이드로, 그는 여러 군데의 대형 할인점을 방문하려고 바다를 막 건너온 참이었다. 우리는 비행기로 사흘에 걸쳐 대서양, 울퉁불퉁한 바위더미, 그리고 빽빽한 북부 한대수림을 넘어 왔다.

15분 후 택시에서 내려 상점으로 들어간 우리는 그곳을 둘러보기 시작했다. 그는 질문을 하며 사진을 찍고, 나는 그에게 필요한 것을 메모했다. 상점을 돌아다니다가 한 의류 매장에 이르자 피터는 갑자기 걸음을 멈췄다. 그는 충격을 받은 듯했다. 눈을 번쩍 뜨고 휴대전화를 꺼내더니 찰칵 소리를 내며 사진을 찍기 시작했다. 그는 흥분했다.

"의류 부서가 이렇게 바쁘다니!" 그가 말을 꺼냈다. "이제까지 들른 어떤 매장보다 고객들이 바글바글하군요. 여기서 보니 전에 들른 두 상점에서는 고객들이 명확한 선택을 하는 데 얼마나 어려움을 겪는지 알 수 있습니다. 이것저것 혼합된 스타일에, 빛바래고 통일되지 않은 색상의 옷들, 또 일관성 없는 브랜드와 라벨까지. 마치 보물찾기를 하는 것 같더군요."

나는 고개를 끄덕였다. 같은 업체지만 전혀 달라 보였다. 그리고 훨씬 바빠 보였다.

"여기 의류 부서는 완전히 다릅니다. 본사에서 발송한 옷들을 가져다가 대부분 버리고 그들만의 일관된 스타일과 주제, 색상을 창조했어요. 이쪽에 있는 셔츠와 저쪽에 있는 바지, 뒤쪽에 있는 드레스까지 전부 통일감이 있어요. 이제까지 본 의류 부서 중에 최고입니다. 이곳이라면 해외에 있는 많은 상점들도 가뿐히 누를 겁니다."

다시 비행기를 타고 다른 도시에 있는 새로운 상점들을 보러 가면서 나는 옷의 진열 상태를 보고 왜 그토록 흥분했는지 이유를 물었다.

"고객들은 믿을만한 소식통에게 의견을 구합니다. 당신이 믿는 누군가가 어떤 선택을 한다면 당신은 그것에 관해 선택할 필요가 없어요. 누구나 끝도 없이 선택이 밀려오는 안개 낀 바다를 헤치며 걸을 시간은 없죠. 보통 중간에 포기합니다. 그게 아니라면 좋지 않은 선택을 하겠지요. 그곳의 옷 진열 상태는 색상이면 색상, 스타일이면 스타일, 즉 고객들이 원하는 것이 무엇인지 확실히 말해주고 있어요. 사든지 말든지 둘 중에 하나를 택하라는 겁니다. 결정할 대상이 적기 때문에 선택에 확신을 갖고 자신의 의견을 믿을 수 있는 거죠.

경력 초반에 여름 인턴으로 미국 슈퍼마켓 업체에서 구매자들이 생선을 사는 것을 도운 적이 있습니다. 온갖 종류의 생선이 있었어요. 온갖 종류의 양념도 있었고요. 전부 신선하고 가격도 합리적이었지만 아무도 사지 않았어요. 처음에는 그 이유를 알아내지 못했습니다. 결국 우리는 고객들이 신선한 생선을 사는 것을 두려워한다는 걸 깨달았어요. 어떤 생선이 가장 맛있을까? 어떤 양념을 할까? 어떤 방식으로 요리를 할까? 정해야 할 것이 너무 많았죠. 그래서 우리는 완전히 전략을 바꿨어요. 한 번에 세 가지 종류의 생선만 진열한 겁니다. 오직 세 종류만. 그리고 각각 한 가지 종류의 양념만 할 수 있게 했어요. 이제 구매자는 하나만 선택하면 되었죠. 케이즌 송어나 데리야끼 연어, 혹은 레몬 가자미 중 하나만이요. 일단 생선만 선택하면 생선 장수는 생선을 양념에 살짝 적시고 요리하는 방법이 적힌 설명서를 포장지에 라벨로 붙여 주기로 했어요. 매출은 500퍼센트 이상 올랐습니다.”

그렇다. 선택의 폭이 좁은 것이 빠른 결정을 내리게 한다. 우리의 뇌는 각 선택에 정신적으로 접근해 하나하나 자세히 파악하고 상상하고 평가하면서 잡고 있을 필요가 없다. 그러기 전에 이미 다른 선택으로 이동하기 마련이다. 결국 좁은 선택폭이 빠른 결정을 이끈다.

오바마 전 대통령은 “나는 결정을 최소화하려고 노력합니다. 먹는 것이나 입을 것까지 고민하고 싶지 않아요. 그런 것 말고도 결정해야 할 일이 아주 많기 때문입니다. 무언가 결정할 때 쏟는 에너지를 고려해야 해요. 평소에도 늘 그렇게 할 필요가 있습니다. 하찮은 일로 흐트러지는 하루를 보낼 수는 없지요"라고 말하며 회색 또는 푸른색 정장만 착용했다.

페이스북 창립자인 마크 주커버그 역시 회색 티셔츠만 20벌 이상 가지고 있으며, 매일 같은 티셔츠를 입는 것으로 옷을 고르느라 소비하는 시간을 줄였다.

벤자민 리의 특별한 비밀

결정하는 시간을 최대한 줄여라. 이 문구를 보면 수년 전 사무실에서 처음 일할 때가 떠오른다. 당시 22세였던 나는 대학교를 막 졸업한 새내기 직장인으로, 커버걸과 맥스 팩터 화장품 브랜드를 위한 보조 브랜드 매니저로 P&G에 취직하여 여름부터 일을 시작했을 때였다. 벤자민 리는 직장생활 첫 날 처음으로 만난 사람이었다.

20대 중반의 중국인이었던 짧게 자른 머리에 타이트한 어두운 옷을 입고 있었다. 나는 그가 젠 마스터(참선가)라고 생각했다. 그의 책상에는 사진도, 미술품도, 일할 거리도 없이 오직 세 개의 죽순이 그려진 작은 돌그릇만 놓여 있었기 때문이다.

내 책상은 그의 책상 바로 옆에 있었기에 함께 일한 지 몇 주가 지나자 그의 스타일을 파악하기 시작했다. 그는 늘 검은색 신발, 검은색 양말, 검은색 바지에 밝은 티셔츠를 입는 식이었다. 그는 꽤 멋져 보였다. 깔끔한 스타일로 무엇이든 잘 어울렸다.

"질문 하나만 해도 됩니까?"

하루는 야근하는 도중에 그에게 물었다.

"어디서 그렇게 멋진 옷을 사는 거죠?"

그는 웃으며 말했다.

"믿기지 않겠지만 나는 1년에 한 번씩 흰색 티셔츠 30벌, 똑같은 검은색 양말 30켤레, 정장 와이셔츠 15벌, 검은색 바지 5벌을 구입합니다. 빨래는 한 달에 한 번 하고요. 이제껏 양말짝을 맞춰본 적도, 주말에 쇼핑을 한 적도 없어요. 매일 무엇을 입을지 고민해본 적도 전혀 없고요. 옷장에는 언제나 다음 날 입을 것이 정해져 있으니까요. 지금 입은 푸른 셔츠도 몇 주가 지나면 다시 볼 수 있을 겁니다."

나는 몇 달 전, 출근 첫 날 무엇을 입을지 고민하느라 일요일 내내 쇼핑을 하며 보낸 것이 생각났다. 또 매일 아침마다 옷을 고르느라 몇 분씩 소요했으며, 매 주말마다 빨래를 맡기러 갔다. 건조기에서 양말을 꺼내 짝을 맞추는 것은 매번 잊어버리기 일쑤였다.

"무엇을 입을지 전혀 고민하지 않고, 한 달에 한 번 빨래를 하러 가고 1년에 한 번 쇼핑을 하니 하루 평균 15분씩 절약되더군요. 어쩌면 조금 더 될 수도 있어요. 이 생각 저 생각을 넘나들며 생기는 어떤 '자투리 시간'도 낭비하지 않았으니까요. 그러면 매달 8시간에서 10시간을 더 얻는 셈이죠. 1년으로 계산하면 깨어 있는 시간만 몇 주는 더 됩니다. 그렇게 얻는 추가 시간에 그동안 얼마나 많은 일을 했는지 모릅니다."

나는 벤자민이 추가 시간에 얼마나 많은 일을 해냈는지 알고 있었다. 그는 늘 상사와 동료가 흡족할 만한 결과를 가져왔고, 자연스레 출세가도를 달렸다. 그는 다른 사람들처럼 장시간 일했지만, 그들보다 근무 시간이 길지는 않았다. 그는 선택 사항을 줄이고, 중요한 것을 결정하는 데 쏟는 에너지를 남겨둠으로써 단순히 더 나은 결정을 내렸을 뿐이었다.

내 주변에는 커프스단추를 고르고 넥타이와 양말을 맞추고 최신 유행하는 셔츠를 신경 쓰며 시간을 주로 보내는 친구들이 있다. 이들은 세상을 준다 해도 쇼핑하는 시간과 바꾸지 않을 것이다. 시간 낭비라고? 그렇지는 않다. 그들은 그 시간을 사랑한다. 다만 나는 무엇을 입을지 고민하는 대신 다른 것들을 생각하기 시작했다.

세상에서 가장 소모적인 작업

나는 하루에 걸쳐 평소에 내리는 모든 결정을 적은 다음, 내 인생에서 제외하고 싶은 결정이 무엇인지 살펴보기로 했다. 벤자민은 옷을 고르는 결정을 제외했다. 나는 어떤 결정을 제외할 수 있을까? 이것은 당신이 없앨 수 있는 결정을 파악하는 첫 번째 단계다. 물론 여간 성가신 과정이 아니다. 하지만 무엇보다 가치 있다. 다음은 내가 매일 아침 내리는 결정들 중 일부이다.

지금 일어날까, 조금 더 잘까?, 일어나서 화장실에 갈까?, 물 한 잔을 먼저 마실까, 바로 샤워를 할까?, 헬스클럽에 가야 하나?, 샤워를 집에서 할까, 운동하러 가서 할까?, 지금 출발하면 출근하기 전에 운동할 시간이 있을까?, 아침을 나중에 먹을까, 셰이크를 만들어 차에 가서 먹을까?, 셰이크에 시나몬을 넣을까?, 오늘 뭐 입을까?, 이 바지 빨지 않고 입어도 될까?, 이 양말이 셔츠와 어울릴까?, 갈색 벨트를 할까, 검은색 벨트를 할까?, 어떤 셔츠를 입을까?, 셔츠가 너무 구겨져 있나?, 급한 이메일이 왔을 수도 있으니 지금 이메일 확인을 빨리 해야 하나?, 이메일 답장을 지금

해야 할까, 출근하고 할까?, 이 이메일에는 뭐라고 답장할까?, 오늘 모자를 쓸까?, 차에서 라디오를 들을까, 그냥 조용히 갈까?, 라디오 주파수는 몇으로 할까?, 어떤 길로 갈까?, 파크사이드에서 좌회전해서 고속도로로 갈까, 계속 퀸 거리로 갈까?, 이번 빨간 신호등에서 이메일을 확인해야 할까?, 운동할 때 수건을 가져가야 할까?, 유산소 운동과 근력 운동 중 어떤 운동을 할까? 아니면 어떤 강좌가 열렸는지 볼까? …

정말 임청난 하루 아닌가? 매일 아침 일어나서 운동하러 가는 길 동안에만도 이렇게 수십 가지의 결정을 내리는 것이다. 헬스클럽에 관한 결정, 이메일 확인에 관한 결정, 무엇을 먹을지에 관한 결정이 주된 결정들이다.

위 세 가지 주제만 내가 하루에 내리는 모든 결정의 반을 차지했지만, 이것들은 사실 중요한 것이 아니었다. 물론 헬스클럽에 가는 일은 바람직하지만 운동법이 쓰여 있는 설명서를 숙지할 수도 있었다. 물론 즉각 답변하는 일은 내 일의 일부다. 하지만 꼭 시간이 날 때마다 확인하는 대신 하루에 두 번 15분씩만 이메일을 확인해도 답변을 하는 데 문제는 없다. 그리고 나는 음식을 사랑한다. 절대 식사를 거르고 싶지 않고 책상에서 대충 때우고 싶지도 않다. 하지만 매일 아침 미리 준비한 셰이크를 마시고, 매일 점심 전 날 저녁에 남은 음식으로만 먹어도 내가 사랑하는 음식을 먹을 뿐 아니라 수많은 결정을 줄일 수 있다.

내가 밤에 집에 오면 늘 그렇게 피곤했던 이유는 바로 내게 있었다.

아침마다 얻고 밤마다 잃는 것

매일 아침 당신의 뇌에 밝은 노란색 스펀지를 단단히 주입한 채 하루를 시작한다고 상상해보자. 고통스럽게 들리지만 사실 이것은 마술 스펀지다. 그러니까 이 밝은 노란색 스펀지가 당신의 모든 결정을 대신한다. 스펀지는 전혀 주저함이 없다! 결정을 내리면? 이때 작은 스펀지 덩어리는 조금씩 소멸된다. 이 같은 현상은 온종일 지속된다. 스펀지가 완전히 사라지면 어떤 일이 일어날까? 당신은 스펀지 없는 상태가 된다. 다시 말해 결정을 내릴 수 없다. 스펀지를 다시 자라게 하려면 오직 두 가지 방법, 즉 먹거나 자는 방법 밖에 없다.

먹거나 자기 전까지 당신은 아무 생각 없이 점점 바람직하지 않은 결정을 내리기에 적합해진다. 〈뉴욕타임스〉 베스트셀러 작가 존 티어니는 공동 저서 《의지력의 재발견》에서 이렇게 말했다.

"결정할 때 오는 피로감은 왜 평범하고 합리적인 사람들이 동료와 가족에게 화를 내고, 옷에 돈을 펑펑 쓰며, 슈퍼마켓에서 정크 푸드를 사는지, 그리고 새 차에 녹 방지 처리를 하라는 딜러의 제의에 거절하지 못하는지 설명해준다. 아무리 이성적이고 원칙적으로 하려고 노력해도 신체 에너지가 충전되지 않는다면 결정을 연달아 내리는 것은 힘들다. 이것은 평범한 신체적 피로와는 다른 것으로, 피곤하다고 의식적으로 느끼는 것이 아니라 정신적 에너지가 낮은 상태를 의미한다."

많은 사람들은 규모가 큰 백화점을 돌아다니는 것이나 결혼 준비 과정에서 혼수를 고르는 고통스러운 과정에 익숙하다. 일요일 오전

10시, 결혼 준비를 위해 레슬리와 함께 허드슨 베이 백화점에 도착했을 때만 해도 우리는 기운이 넘쳤다.

노란색 그릇을 살까, 아니면 푸른색 그릇을 살까? 짙은 노란색을 살까, 밝은 노란색을 살까? 빛나는 그릇을 살까, 아니면 그렇게까지 빛나지 않는 그릇을 살까? 유리그릇은 어떨까? 8개를 사야 할까, 12개를 사야 할까? 무거운 것이 좋을까, 가벼운 것이 좋을까? 높지 않으면서 좁은 폭의 그릇이 좋을까, 아니면 폭만 좁거나 높지만 않은 그릇이 좋을까? 어떤 디자인이 좋을까? 와인 잔은 무엇을 살까? 이것도 12잔이 필요할까? 어떤 모양이 좋을까? 믹서는 어떤 브랜드 제품을 사야 할까? 담요는 얼마나 필요할까? 베개는 얼마나 필요할까? 수건은 얼마나 필요할까? 수건은 어떤 색깔을 사야 할까?

쇼핑이 끝날 때쯤 되자 우리는 완전히 지쳤다. 우리의 스펀지는 산산조각이 났다. 그때 점원이 우리에게 신혼여행 마지막에 필요한 300달러짜리 아이스 버킷을 추가할지 묻자 우리는 눈을 반쯤 뜨고 입을 벌린 채 고개를 끄덕였던 기억이 난다.

《의지력의 재발견》에는 다음과 같은 내용도 나온다.

"일단 당신이 정신적으로 고갈되면 거래를 주저하게 되는데, 특히 의사결정을 해야 하는 세금 납부 형태가 대표적이다. 타협은 복잡한 인간의 능력이기 때문에 의지력이 고갈되면 가장 처음으로 줄어드는 것 중에 하나다. 당신은 쇼핑할 때 오직 하나의 관점으로 보기 쉽다. 예를 들어 가격만 고려하면서 '가장 싼 것을 주세요'라고 할 수 있다. 결정 피로감은 어떻게 하면 적절하게 파는지 알고 있는 판매자들 앞에서 당신을 취약한 존재로 만든다. 그리고 이는 통로를 지나면서 온갖 결정에 지친 구매자의 눈에 잘 띄게 계산대 앞에 달콤한 과자를 진열해놓은 유일한 이유만은 아니다. 의지력이 줄어들면 그 어떤 유혹에도 굴복하기 쉽지만, 특히 빠른 시간에 당을 충전하는 캔디나 탄산음료 같은 음식에 유난히 취약하다."

어쩔 수 없이 따를 수 밖에 없는 규칙을 만들어라

나는 몇 년간 돈을 투자하면서 꽤나 애를 먹었다. 스스로 투자하는 방법에 관한 책을 읽은 후, 나는 소득의 아주 일부만을 잘라내 투자계좌로 옮긴 후 그것을 여러 펀드로 분산해야 한다는 것을 깨달았다. 투자하지 않을 이유는 없었다. 하지만 매년 말이 되면 내가 따로 챙겨둔 돈은 여전히 그대로였다. 수익률도, 배당금도 없이 아무것도 남는 게 없었다. 인플레이션으로 있는 돈을 잡아먹기만 할 뿐이었다. 나는 내가 멍청하고, 게으르며, 태만하게 느껴졌다. 무엇이 문제였을까? 되돌아보니 미처 깨닫지도 못한 사이에 내게 결정 피로감이라는 끔찍한 증상이 생겼던 것이다. 이 상황이 되면 사람들은 오직 두 가지 선택만 한다.

1. 결정을 하지 않는다.
2. 나쁜 결정을 한다.

은행은 자동적으로 투자하는 기능이 없으므로 내가 스스로 해야 했다. 나는 정기적으로 일정한 돈을 투자계좌로 옮기려고 매달 첫째 날을 달력에 표시해놓았지만 막상 그날이 되면 늘 무슨 일이 발생했다. 펀드 가격이 전날이나 전주, 전달보다 이미 올라 있으면 이렇게 생각했다. '안 돼. 지금 살 순 없어. 지금은 너무 비싸. 내려갈 때까지 며칠만 기다려야지.' 그런 다음 매일, 가끔은 하루에 여러 번씩 꾸준히 가격을 확인했다. 간혹 가격이 내려가면 일부를 사들였다. 하지만 어쩔 땐 계속 올라가기도 했다. 그러면 올라가는 과정을 지켜보면서, 내려가는 순간 바로 사겠다고 계속 자신에게 혼잣말을 하곤 했다. 하루는 50달러였던 것이 다음 날 51달러가 되고, 그 다음 날엔 52달러로 올랐는데, 심지어 이후 51달러로 내려갔는데도 나는 처음 투자를 시작할 때만큼 싸지 않기 때문에 좀 더 기다려야 한다고 생각했다. 결국 한 달이 지났고, 그 사이 내 달력 알림은 끊임없이 울리며 내게 투자할 시간이라고 알렸다. 하지만 지난 달 했어야 할 투자조차 아직 하지 않았다. 그렇게 나는 두 달 분량의 투자금을 모았고, 이는 어느 순간 투자할지 결정하는 것이 훨씬 중요해졌다는 것을 의미했다.

나는 투자 결정을 하는 데 엄청나게 많은 선택 사항이 있다는 사실에 머리가 터질 것 같았다. 그래서 펀드 하나만 매수하려고 시도했다. 두려움을 도저히 극복할 수 없었기 때문이다. 하지만 다음 달, 그리고 그 다음 달에도 여전히 제자리였다. 투자 실패에 대한 불안감이 컸던 나는 공황 상태에 빠져 몇 년간 투자 은행에서 근무 중인 친구 프레드를 불러냈다.

"나도 똑같은 문제가 있었어." 그가 말했다. "그래서 나는 내 자신만의 규칙을 만들었지. 세 가지 규칙을 만들어서 종이에 적고 책상에 붙여놨어. 그리고는 내가 원하지 않을 때도 규칙을 꼭 따르려고 노력했지."

규칙 1: 예금계좌의 돈이 1,000달러를 넘으면, 1,000달러를 넘은 돈을
모두 투자계좌에 옮긴다.

규칙 2: 투자계좌의 돈이 1,000달러를 넘으면, 1,000달러를 넘은 돈을
모두 투자한다.

규칙 3: 규칙 1과 규칙 2를 절대 어기지 않는다.

"뇌에서 공식을 지우면 이 방법은 효과적이야. 다른 선택의 여지
가 없기 때문에 내가 어떻게 투자하든지 행복해질 수밖에 없거든.
펀드의 가치가 올라간다면 조금 일찍 투자해서 그러한 이익을 본 것
이 현명했다고 자신에게 말하는 거지! 예를 들어 시장이 사상 최고
치를 기록하며 매수하기에 최악의 상황이 계속되었다면, '와우, 노
후 대비 자금을 몽땅 투자하지 않고 이번에 조금만 투자하기 정말
잘했군'이라고 하는 거야. 반대로 펀드의 가치가 내려간다면 현재
낮은 금액으로 이익을 얻었으므로 돈을 모은 것이 현명했다고 생각
하는 거지. 그렇게 되면 어느 쪽이든 좋아. 이제 내 모든 돈을 투자
했고, 상담수수료도 내지 않았으며, 투자를 할지 말지 고민하는데
시간을 들이지 않아도 되는 거니까."

규칙을 만들고, 한도를 정하며, 장벽을 쌓는다. 잠시 결정에서 벗
어나도록 마음에 벽돌담을 둘러싼다. 마치 생선 가게에서 모든 선택
사항을 없앤 것과 비슷하다. 그렇다면 우리 자신의 뇌를 위해 규칙
을 만들면 되는 것 아닐까? 정말 중요한 결정을 위해 의사결정에 필

요한 에너지를 스스로 보존하는 것이다. 헬스클럽에서는 배운 대로 운동하고, 아침 식사로는 셰이크를 미리 준비해놓으면 된다. 그렇다면 선택할 일이 줄어들면 어떤 일이 일어날까?

선택의 여지가 없을 때 뜻밖의 기쁨이 찾아오다

《행복에 걸려 비틀거리다》의 저자 다니엘 길버트 역시 이 같은 물음에 의문을 가졌다. 그가 행복에 관한 TED 강연에서 이야기한 하버드 실험 내용을 일부 살펴보자.

하버드에서는 사진 강의, 그중에서 흑백 사진 강의를 개설했습니다. 그리고 학생들에게 강의에 참여해서 암실 사용 방법을 배울 수 있다고 했지요. 이후 그들에게 카메라를 줬고, 그들은 캠퍼스를 돌아다니며 좋아하는 교수, 그들의 기숙사 방, 애완견을 비롯한 12장의 사진을 찍었어요. 학생들이 카메라를 가져오자 우리는 밀착 인화지를 만들었고, 그들에게 가장 마음에 드는 사진 두 장을 고르라고 한 다음 6시간 동안 암실 사용 방법을 가르쳤죠. 그리고 그들은 고른 두 장의 사진을 확대하여 8x10 사이즈의 의미 있는 아름다운 사진을 만들었어요. 우리가 "두 장 중에 어떤 사진을 포기하겠습니까?"라고 물었더니, 그들은 "꼭 한 장을 포기해야 하나요?"라고 되묻더군요. 맞아요. 한 장은 프로젝트 보관용으로 남겨야 하기 때문에 한 장은 제출해야 합니다. 반드시 선택을 해야 해요. 한 장씩 나눠서 보관할 겁니다."

이제 실험 참가자를 두 그룹으로 나눴습니다. 한 그룹에게는 "그런데 만약 마음이 바뀐다면, 메일로 본사에 보내기 전인 4일 내에만 갖고 오면 사진을 교환해줄 수 있어요. 어떤 사진인지 미리 확인한다면 더욱 좋고요. 언제든 마음이 바뀐다면 바꿀 수 있습니다"라고 말했습니다. 나머지 그룹에게는 완전히 반대로 전했어요. "지금 바로 결정해요. 2분 후에 바로 메일을 보낼 거예요. 네, 맞아요. 2분 후에 바로 영국 본사로 보낼 겁니다. 일단 고른 사진이 대서양 위로 날아가면 다시는 볼 수 없어요." 이제 절반의 학생들에게 그들이 보관할 사진과 제출한 사진에 대한 선호도가 앞으로 어떻게 될지 예측해보라고 했습니다. 나머지 학생들은 기숙사로 돌려보내 사진에 대한 선호도와 만족도가 얼마나 될지 생각해보라고 했고요. 그럼 그 결과를 보시죠.

우선 학생들은 그들이 보낸 사진보다 고른 사진이 조금 더 마음에 들 것이라고 예상했습니다. 하지만 두 그룹이 예상한 폭이 크지는 않았어요. 통계적으로 유의한 차이도 없었고요. 단지 매우 미세한 차이만 있었기에, 그들이 사진을 바꿀 수 있었는지 여부는 큰 상관이 없다고 여겼습니다.

하지만 또 틀렸네요. 시뮬레이터가 또 틀렸어요. 실제 결과는 이렇습니다. 바꾸기 바로 직전이나 5일 후나, 더 이상 사진에 대한 선택의 여지가 없고 마음을 바꿀 수 없었던 학생들은 자신의 사진에 만족도가 높았어요. 그리고 계속 신중히 생각하던 학생들은 '사진을 바꿔야 하나? 내가 더 좋은 사진을 골랐을까? 잘못 고른 건 아닐까? 더 나은 사진을 보냈으면 어쩌지?'라는 생각으로 상당히 괴로운 시간을 보냈어요. 게다가 사진을 좋아하지도 않았죠. 심지어 바꿀 수 있는 기한이 지난 후에도 여전히 그들의 사진이 마음에 들지 않았어요. 왜 그랬을까요? 사진을 바꿀 수 있던 그들의 조건은 모든 행복의 적이기 때문이죠!

자, 이제 실험의 마지막 단계에 접어듭니다. 우리는 아무것도 모르는 하버드 학생들을 모아 새로운 그룹을 만들고 이렇게 말했죠.

"알다시피 현재 사진 강의를 개설 중입니다. 여러분은 두 가지 방법 중에 하나를 택하면 됩니다. 두 장의 사진을 고른 후에 4일 이내에 바꿀 수 있는 기회를 갖든지, 혹은 결정한 사진을 바꿀 기회 없이 바로 보내든지 말이죠. 둘 중에 어떤 것을 택하겠습니까?"

저런! 66퍼센트의 학생들, 무려 3분의 2의 학생들이 마음을 바꿀 수 있는 기회를 택했습니다. 놀랍지 않습니까? 66퍼센트나 되는 학생들이 궁극적으로 자신의 사진을 몹시 싫어할 선택을 한 것입니다.

우리가 결정에 몹시 지치는 것은 당연하다. 왜냐하면 그러한 결정을 원하기 때문이다. 우리는 많은 영화를 상영하는 영화관에 가기 원하고, 다양한 메뉴가 있는 레스토랑을 좋아하며, 수없이 많은 신발이 있는 신발 가게에서 쇼핑하기 원한다. 하지만 선택이 늘어나면 행복이 줄어든다. 우리는 결정 피로감을 앓고 있다. 이때 어떤 일이 발생할까? 결정을 피하거나 나쁜 결정을 내리게 된다. 그리고 잘못된 선택을 했을까봐 늘 걱정한다. 내가 항상 투자에 실패한 이유다. 또한 결혼 준비 과정을 다시 돌이켜보면, 레슬리와 내가 백화점에서 물품을 고르는 이들을 놀라워했던 이유다. 우리는 새로운 스펀지 상태로 모든 것을 다시 결정해야만 했다.

모든 것에 우선순위를 매길 때 도움이 되는 네 개의 단어

당신은 이제 점점 결정하는 횟수를 줄인다. 어떤 일은 10배 빨리 하고, 어떤 일은 5배 빨리 하지만 여전히 긴 시간 고민할 때도 많다.

하지만 이 모든 시간을 합치면 결론적으로 더욱 빠른 결정을 하면서 중요한 것에 집중할 수 있게 된다. 매일 내리는 결정들을 보면서 그중 어떤 것을 자동화하고, 규칙화하고, 완수하고, 심사숙고할지 결정해본다.

루비 와치코 레스토랑은 토론토 내 수천 개의 레스토랑 중에서 상위 10위를 차지할 정도로 매우 유명하며 스타 셰프 린 크로포드가 운영하고 있다. 레스토랑을 열기 전 린은 레스토랑 메이크오버쇼에 등장한 맨해튼 포시즌스의 총괄 셰프로 일하며 베스트셀러 요리책 두 권을 썼다. 토론토에서 그녀의 식당처럼 운영하는 곳은 없다.

예약은 앉아 있는 시간에만 오직 두 번 가능하고, 한 사람당 정확히 50달러이며, 고정 가격인 네 개의 코스가 나오는 세트 메뉴는 매일 바뀐다. 코스 메뉴 외에 먹을 수 있는 메뉴는? 없다. 다른 선택 메뉴가 없다. 그 외에는 먹을 것도 없고, 고를 메뉴도 없고, 고민할 가격도 없다. 그리고 모두에게 디저트가 제공된다. 요리 과정을 간소화하고, 접시를 모두 같은 크기로 맞추고, 불필요한 낭비를 줄이니 매출이 빠르게 올랐다.

모든 음식은 테이블 중앙의 큰 접시에 담아 각자 덜어 먹을 수 있는 방식으로 진열하고, 희미한 불빛이 비추며 재잘대는 소리가 들리는 다이닝 룸은 주말 밤마다 손님으로 가득했다.

P&G가 헤드엔숄더 샴푸 종류를 26가지에서 15가지로 줄였을 때 나타난 결과에 대해 스탠포드 연구원을 역임했던 컬럼비아 대학 교수 쉬나 아이엔가는 소비자들이 고를 수 있는 샴푸통의 숫자를 반으로 줄였을 때 오히려 매출이 10퍼센트 증가했음을 발표했다.

지나치게 많은 결정을 마주하면 우리는 오히려 아무것도 하지 않는다. 우리의 뇌는 지쳐서 결정 자체를 완전히 멈춘다. 뇌가 파업을 선언하는 것이다. 이는 연금을 대비하는 25개의 다양한 투자 펀드, 혹은 26개의 다양한 샴푸 중 하나를 택해야 하는 상황에서도 발생한다. 이때 사람들은 어떻게 할까? 전부 무시한다. 백지 상태가 된다. 이처럼 결정을 완전히 멈추는 시점에 우리는 매우 피곤함을 느낀다.

또는 형편없이 한다. 매우 지친 당신은 결정을 단순히 끝내기 위해 무엇이든, 어떤 것이든 고른다. 결혼 준비를 하며 300달러짜리 아이스 버킷을 추가하고, 식료품 가게에서 킹사이즈의 오 헨리 책을 집어들 때가 바로 그때다. 가장 좋은 것이 아닌, 가장 쉬운 것을 택한다.

인간의 뇌는 세계에서 가장 가치 있고 귀중한 재산이다. 뇌는 세상을 바꿔놓았고, 아름다운 예술품을 창조했으며, 삶의 위대한 신비로움을 탄생시켰다. 하지만 하루 종일 하찮은 결정과 끝없는 선택이 뇌 속에서 윙윙거린다. 불빛을 번쩍이며 성가시게 한다. 더욱 깊은 사고를 방해한다. 끝없는 결정은 신중한 사고를 앗아간다.

사소한 결정들은 당신이 지닌 능력에 자유롭게 침범한다. 대가를 지불하지도, 사과하지도 않고 단지 당신의 지적 능력만 빼앗는다. 〈뉴욕타임스〉 베스트셀러 저자인 니콜라스 카는 저서 《생각하지 않는 사람들》에서 "인터넷 상에서의 상호작용은 정보를 찾고 우리 자신을 표현하고 다른 사람들과 대화를 나누는 강력하면서도 새로운 도구를 제공한다. 또한 이는 우리를 사회적 혹은 지적 양식의 작은 알갱이가 쏟아지게 강요하는 지렛대를 끊임없이 누르는 실험실 생쥐로 바꾸어 놓았다"라고 했다.

나는 매일 평균 285개의 결정을 내린다. 내 뇌는 내가 깨어 있는 모든 순간 끊임없이 생각하고, 고찰하며, 평가하고, 결정한다. 하지만 선택을 없애고 모든 결정을 두 배로 빨리 내리는 비법이 있다. 나는 성공한 아이비리그 졸업생들과 〈포춘〉 선정 500대 기업 CEO들, 베스트셀러 작가들 사이에서 개인 리더십 특성을 연구한 결과, 가장 성공한 사람들 역시 하루에 내리는 수백 개의 무거운 결정을 뇌에서 없애버리는 방법을 사용한다는 것을 알게 되었다. 매우 간단하다. 일단 아래 그림을 채우면 된다.

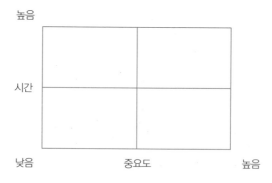

바로 이거다. 이렇게 간단하다. 당신이 내리는 모든 결정은 이 상자 어딘가에 놓여 있다. 상자를 채우는 일은 시간이 조금 걸리기도 하지만 오래 걸리기도 한다! 매우 중요하지 않기도 하지만 대단한 일이기도 하다. 그렇다면 당신을 위해 다음 그림을 한 번 채워보려 한다.

높음		
시간	규칙화하기	고민하기
	자동화하기	완료하기
낮음	중요도	높음

자동화하기

화장실 휴지나 세제를 구매하고, 전화 요금을 내고, 출근길을 정하고, 운동 순서를 정하는 것이 이에 해당한다. 이처럼 시간이 조금 걸리고 중요성이 낮은 결정이라면 자동적으로 하는 것을 목표로 한다. 뇌가 할 일을 완전히 다른 것에 맡기고 다시는 그것에 관해 생각하지 않는다. 말하자면 한 달에 한 번씩 온라인에서 늘 쓰던 화장실 휴지와 세제를 주문하도록 맞춰놓는다. 은행계좌에서 자동으로 전화 요금이 빠져나가게 설정한다. 인터넷에서 지도를 다운받아 가장 좋은 길을 별 생각 없이 따라간다. 운동 일정을 맞추고 그대로 실천한다. 뇌를 자유롭게 풀어줘라. 갖고 있는 좀 더 중요한 결정을 위해 그보다 중요하지 않은 이 같은 작은 결정에 실수할 필요는 없다. 매일 하는 운동법을 결정하는 문제는 중요하지만, 다음번에 어떤 아령으로 운동할지 결정하는 문제는 중요하지 않다.

완료하기

보육시설에서 아이를 데려오고, 매일 저녁 가족과 저녁을 먹고, 매일 아침 동료들에게 인사하는 것이 이에 해당한다. 완료한다는 말은 거창해 보이지만 간단하게 표현하면 무조건 하라는 의미다. 확실히 하라. 일단 하라. 이처럼 시간이 조금 걸리지만 중요성이 높은 결정이라면 무조건 하는 것을 목표로 한다. 따로 결정할 사항은 없다. 그저 그 일을 완료하라.

규칙화하기

이메일을 확인하고, 달력 일정을 관리하고, 집안일을 하는 것이 이에 해당한다. 이처럼 시간이 오래 걸리고 중요성이 낮은 결정이라면 규칙화하는 것을 목표로 한다. 규칙을 만들고 그것을 따른다. 이를테면 컴퓨터 화면을 이메일 창으로 맞춰놓는다. 달력에 표시한 모임을 검토한다. 집안일을 고통스럽게 하루에 한 두 개씩 하기보다는 일요일 오전마다 한 번에 몰아서 한다.

고민하기

집을 사고, 배우자를 고르고, 직장에 지원하고, 이사하는 것이 이에 해당한다. 이처럼 중요성이 높고 시간도 오래 걸리는 결정에는 최대한 많은 시간을 할애하도록 한다. 머릿속으로 골똘히 생각하고, 가장 믿을만한 친구들에게 상의하거나 그에 관한 장점과 단점 목록을 작성한다. 느긋할 수 있는 한 최대로 천천히 결정하며 제대로 몰입하는 과정을 거친다. 무엇보다 정말 중요한 결정을 이렇게 한다.

자동화하고, 규칙화하고, 그저 완료할 모든 결정들은 머릿속에서 지워버린다. 이제 무엇이 남았을까? 고민해서 심사숙고할 결정이다. 이러한 결정을 내릴 때는 깊이 생각하고, 탐구하며, 의문을 갖는다. 그리고 형편없는 결정을 피하기 위해 정말 중요한 이 같은 결정에 집중한다.

가끔 인생을 살아가며 내리는 결정에 관해 생각하고 상자 안에 적어본다면 당신에게 중요한 결정이 무엇이고 그렇지 않은 결정이 무엇인지 분류하는 데 도움이 될 것이다. 다시는 생각하지 않을 수 있게 자동화할 결정은 무엇일까? 시간을 설정해놓고 따를 수 있게 규칙화할 결정은 무엇일까? 단순히 그저 하면 되는 결정에는 무엇이 있을까? 그리고 마지막으로 심사숙고할 결정은 무엇일까? 즉, 당신이 옳은 일을 하고 있다는 확신이 들 때까지 계속하여 깊이 생각할 결정에는 어떤 것이 있을까?

만약 아무 생각 없이 위의 과정을 무의식적으로 계속 한다면, 당신의 결정을 무의식적으로 잘라낼 힘이 길러질 것이다. 이 비법이 완벽하다고만 볼 수는 없다. 가끔은 머릿속에서 작은 결정이 새어나와 가장 중요한 문제가 되기도 한다. 하지만 그런 것은 괜찮다. 완벽해지는 것이 목표는 아니다. 단지 전보다 더 나은 결정을 하려는 것이다. 결정을 자동화하고, 규칙화하고, 완료한다면 당신의 마음과 시간이 자유로워진다.

누구보다 지쳐 있던 뇌가 당신에게 고마워 어쩔 줄 모를 것이다.

3개월 프로젝트를
하루 만에 끝내는 법

내가 14세 때 처음으로 접해 본 일은 친인척 관계를 이용해 이익을 만드는 일명 족벌주의에 관한 것이었다. 사촌 아니타는 작은 도시 온타리오에서 자신이 운영하는 약 17평 크기의 앙증맞은 약국에서 내게 일하라고 했다. 큰 벽장 하나를 놓으면 꽉 차는 크기의 약국은 병원이 밀집한 건물 1층에 자리 잡고 있었고, 그 건물은 예약이 필요 없어 기침하는 아이들이 하루 종일 문 밖까지 길게 줄을 서서 늘 분주했다. 그렇게 작은 약국이지만, 매일 쉴 새 없이 밀려드는 수백 건의 처방전으로 가득해 흡사 아드레날린이 분출되는 공장의 조립 라인을 연상케 했다. 어떨 때는 처방전이 들어오고, 알약 수를 세고, 주의사항을 전달하는 데 1분도 채 걸리지 않았다. 그곳은 울부짖는 아기들과 콧물 범벅인 유아들, 녹초가 된 엄마들 및 후두염증 바이러스까지 빽빽이 들어차 바글바글했다.

아무것도 하지 않고도 모든 것을 얻는 법

나는 금요일 밤 근무조로 3시간 동안 흰색 연구실 가운을 입고 근무했다. 등골이 빠질 것 같았다. 매우 고된 일이었다. 아니타는 내가 한가한 주중에 일해도 크게 폐를 끼치지 않을 거라는 사실을 깨달았기에, 나는 조금 여유 있는 조립 라인에서 알약 세는 기술을 완벽하게 익힐 기회를 얻었다. 금요일마다 3시간씩 근무하고 나면 아버지가 운전하는 스테이션왜건을 타고 서브웨이에 들러 살라미 서브 샌드위치를 먹은 다음, 집에 가서 스컬리와 멀더가 활약하는 〈엑스 파일〉을 시청하곤 했다.

생각해보라. 비좁은 공간에서 하루 종일 팔꿈치와 엉덩이를 다른 사람과 부딪치고, 구석에 있는 먼지 쌓인 발판에 앉아 차갑게 식은 샌드위치로 끼니를 때우기 일쑤였다. 알약 병들은 카운터 위와 아래의 안전한 곳에 넣어 두고, 작은 냉장고와 전자레인지는 작은 싱크대 위에 고정시켜 놓았기 때문에 코트와 부츠로 가득 차 있는 화장실에 가려면 경리 사무원이 쌓아 놓은 서류 더미 사이로 지나가야만 했다. 화장실에 가서도 양쪽 구석에 피라미드처럼 쌓인 진저에일 캔에 오줌이 튀지 않게 조심했다.

약국이 장사가 잘 되자 아니타는 우리 아버지와 함께 그곳에서 20분 거리에 2호점을 열기로 결정했다.

"이번에는 꼭 여유 있는 공간을 얻을 거야."

그래서 원래 약국의 세 배 크기로 2호점 건물을 지었다. 그곳은 실제로 각종 카드와 자외선 차단제, 붕대를 보관할 선반이 충분했고, 직원들 역시 메트로폴리탄 오페라의 발레 댄서들처럼 자유롭게 움직일 수 있었다. 상쾌한 공기를 마실 수 있었고 수납할 선반도 넘쳐

났다.

나는 16세가 되면서 2호점에서 여름 인턴으로 일을 시작했다. 이제 알약은 완벽하게 셀 수 있었고 일을 하면서 손님들과 이야기를 나눌 배짱도 생겼다. 콧수염을 몇 가닥 기른 나는 더 이상 카운터 뒤에서 콜라를 마시는 어린아이처럼 보이지 않았다.

하지만 모든 면에서 2호점이 본래 1호점보다 좋지 않다는 것을, 일한 지 얼마 지나지 않아 깨달았다. 우선 저장 공간이 부족했다. 처음의 넓은 공간은 어디로 갔을까? 모든 선반은 꽉 찼고 카운터 위와 아래에 놓인 상자들도 온갖 물품으로 가득 채워져 있었다. 선반에는 더욱 많은 물건들이 놓여 있고, 그 물건들의 재고도 더욱 많았기 때문에 이번에는 화장실 옆에 있는 캔이나 각종 카드에 오줌이 튀기지 않는지 조심해야 했다.

커뮤니케이션도 더욱 어려워졌다. 메시지 전달은 소수의 직원이 직접 말로 하지 않는 대신 서류와 노트북을 통해 이루어졌다. 이제 컴퓨터 두 대는 충분히 놓을 수 있었기 때문에 전처럼 한 곳에서 모든 업무를 처리하는 대신 처방전을 내는 창구와 약을 받는 창구로 번듯하게 나눠 놓았다. 하지만 이렇게 되니 손님들은 혼란스러웠고 여러 군데를 옮겨가며 일을 처리하느라 많은 시간이 소요되었다. 게다가 각 창구의 거리가 멀어지자 손님들은 처방전을 제출하면서 때때로 주변에 아무도 없다고 느끼기도 했다. 그들은 약이 준비되면 통로로 걸어 내려와서 직원들을 부르거나 찾아야만 했다. 그래서 약사가 처방된 약을 주기까지 시간이 오래 걸렸으며, 조제하는 시간도 더 길어졌다. 모든 사람들이 최대한 빨리 자신의 일을 하고 있었지만 손님들에게는 더없이 느리게 느껴졌다. 그리고 어떻게 되었을까?

일은 늘어난 공간만큼 많아졌지만, 결과적으로 질은 낮아졌다.

이 이야기는 늘어난 공간에 관한 내용처럼 보이지만 실제로 늘어난 시간에 관련된 것이기도 하다. 길어진 카운터와 두 배로 늘어난 창구, 훨씬 넓은 공간과 더불어 처방약을 조제하는 시간까지 더욱 오래 걸렸다. 한마디로 더욱 많은 시간이 필요했다. 거대한 창고형 매장 한가운데에서 조제된 처방약을 받아본 경험이 있는가? 시간이 꽤나 걸렸을 것이다.

시간이 얼마나 걸릴지를 결정하는 간단한 법칙

1955년 11월, 노스코트 파킨슨으로 불리는 무명의 작가는 잡지〈이코노미스트〉에 독특한 기사를 게재했다. "파킨슨의 법칙"이라는 제목의 기사를 훑어보던 독자들은, 정부 관료제를 신랄하게 풍자하고 물어뜯는 동시에 유례없이 문어발식으로 확장한 기업 구조를 조롱하는 글을 접했다. 그 기사는 언뜻 보면 정보처럼 보였지만 사실은 정보를 가장한 혹독한 비판이었다. 그는 아무것도 모르는 듯이 다음과 같은 단락으로 기사를 시작했다.

일을 완수하는 데 쓸 수 있는 시간만큼 일이 늘어나는 것은 주변에서 흔히 볼 수 있는 일이다. 그렇기에 한가한 어떤 할머니가 영국의 보그너 레지스에 살고 있는 조카에게 편지를 쓰고 부치는 일에 하루를 보낼 수 있다. 엽서 찾는 데 1시간, 안경 찾는 데 1시간, 주소 찾는 데 30분, 편지 쓰는 데 1시간 15분, 그리고 다음 거리에 있는 우체통으로 걸어가면서 우산을 가져갈지 말지 결정하는 데 20분을 보낸다. 바쁜 사람에게는 통틀어 3분이면 끝낼 일을 어떤 이들은 걱정하고 근심하며 괴로워하느라 하루를 보내며 할 수도 있다.

글의 논지는 첫 문장에 있다.

"일을 완수하는 데 쓸 수 있는 시간만큼 일이 늘어나는 것은 주변에서 흔히 볼 수 있는 일이다."

다음과 같은 조언들을 들어본 적이 있나? "가장 좋은 영감은 마감기한이다", "일을 막판까지 미루면 1분 만에 끝낼 수 있다", "당신 지갑에 들은 내용물은 채울 수 있는 공간을 채울 때까지 늘어날 것이다".

실제로 두 번째 약국에서는 쓸 수 있는 시간이 훨씬 늘어났다. 손님들은 기다리면서 직원을 빤히 바라보지 않아도 됐다. 주변에는 처방전을 계속 출력해야 하는 예약이 필요 없는 병원도 없었기 때문에 손님들의 기침 시럽에 관한 질문에 답할 시간도 충분했다. 정신없이 바쁜 환경이 아닌 매우 평온한 환경이었다. 그리고 일은 이러한 시간만큼 늘어났다.

주말에 하려고 학교숙제를 집으로 갖고 왔을 때가 생각나는가? 주말보다 좋은 날은 없다. 하지만 수학 문제를 풀고 책 내용을 요약해야 하는 괴로움은 금요일이 지나고, 토요일 하루가 지나고, 일요일 아침이 되면서 희미해 보이는 어두운 구름처럼 흐릿해진다. 그래서 늘 일요일 밤에 숙제를 했던 기억이 난다. 하지만 한 번은 주말 내내 여행을 가면서 이틀 동안 시간을 내지 못하게 되자 금요일 밤까지 실제로 모든 숙제를 마친 적이 있다. 내 마음속에서 마감 기한을 인위적으로 앞으로 당긴 것이다. 그러자 어떤 일이 일어났을까? 기분이 끝내줬다. 마치 주말 내내 여유 시간이 생긴 것처럼 느껴졌다. 가짜 마감 기한이 공간(여유)을 만들어낸 것이다.

회의 시간을 반으로 줄일 수 있는 방법

몇 년 전 다닌 회사에서 나는 모든 종업원들이 참석하는 주간 회의를 갑자기 주재하게 되었다. 금요일 아침마다 열리던 회의는 터무니없게도 확실한 안건이나 프레젠테이션 지침서, 혹은 시간표도 없이 1,000명의 사람들 앞에서 이루어졌다. CEO는 그가 원하는 어떤 이야기든 하고 싶다면 말한 후 옆에 앉아 있는 임원에게 마이크를 넘겼다. 그러면 마이크를 받은 임원 또한 그가 원하는 어떤 이야기든 하고 싶다면 말한 후 다음 사람에게 마이크를 넘겼다. 이런 식으로 얼마나 계속될지 예측할 수 없었다. 오전 9시에 시작해서 10시에 마무리하기도 했지만 가끔은 10시 30분, 어떨 때는 11시까지 이어졌다. 사람들은 말하다가 갑자기 주제를 바꾸면서 이야기가 옆길로 새기 일쑤였다. 간결하게 말하는 사람은 아무도 없었다. 그리고 모두들 2시간 후에는 회의 초반에 들었던 모든 이야기가 뒤섞이면서 이를 기억하느라 혼란스러운 상태로 자리에서 일어났다.

그래서 나는 CEO와 함께 회의를 재설계했다. 한 사람당 5분으로 말하는 시간을 제한하고, 미리 진행자가 안건과 일정을 정하기로 했다. 회의의 안건은 "매출액", "벽을 뛰어넘는 방법", "기본을 지키는 방법 101가지", 그리고 CEO가 청중의 편지를 골라 질문에 답을 해주는 "편지함"까지 다양했다. 그렇게 새로 열린 회의는 25분 만에 끝났다. 그 이후로는 한 번도 시간을 넘긴 적이 없다. 어떻게 이런 일이 가능했을까?

우리는 효과음 프로그램을 다운받아 발표자가 말하는 시간이 1분만 남았을 때 "뎅" 소리를 들려줬고, 15초가 남았을 때 "똑딱똑딱" 소리를 들려줬으며, 시간이 다 되면 음향관리자가 아예 발표자의 마이크를 꺼버렸다. 정해진 시간이 끝난 후에는 무대 위에서 말을 계속해도 아무도 소리를 들을 수 없었다. 그러면 발표자는 어쩔 수 없이 퇴장해야 했다. 그 결과는?

사실 처음에는 다들 불만이 많았다. "발표하려면 7분은 필요합니다", "10분은 줘야죠", "굉장히 중요한 말을 해야 하기 때문에 훨씬 긴 시간이 필요해요" 우리는 모든 불평을 무시하고 GE의 전 CEO인 잭 웰치의 〈하버드 비즈니스 리뷰〉 인터뷰를 예로 들었다.

"규모가 큰 기업일수록 효율적으로 하려면 반드시 단순하게 해야 합니다. 대규모 기업에서 단순하게 하려면 그곳에 속한 이들은 반드시 자신감과 지적인 자기 확신이 필요하죠. 불안한 관리자는 복잡하게 할 수밖에 없어요. 두려움으로 긴장한 관리자는 계획에 관련한 두껍고 난해한 책과 자신이 어린 시절부터 알아온 모든 것으로 가득한 빽빽한 슬라이드를 포기하지 못합니다. 진정한 리더는 그러한 자질구레한 것들이 필요하지 않아요. 명백하고 정확하게 하려면, 또한 조직에 있는 모든 사람들이 지위에 상관없이 비즈니스가 무엇을 달성하기 위해 노력하는지 이해한다는 확신을 가지려면 반드시 자신감이 필요합니다. 하지만 이것은 절대로 쉬운 일이 아니죠. 사람

아무것도 하지 않고도 모든 것을 얻는 법

들이 단순하게 하는 것이 얼마나 힘든지, 그리고 그들이 단순해지는 것을 얼마나 두려워하는지 믿기 힘들 거예요. 그들은 단순하게 하면 사람들이 자신을 단순하고 무식하다고 여길까봐 두려워하죠. 하지만 물론, 실제로는 정확히 그 반대입니다. 확실하고 정신이 강인한 사람들일수록 누구보다 단순하고 깔끔하게 모든 일을 처리하거든요."

자, 이제 어떻게 됐을까? 명확한 시간제한이 생기면서 발표자들은 그들은 스스로 시간을 쟀다. 자신이 전달하고자 하는 가장 중요한 메시지를 파악하고 그렇지 않은 것들은 잘라냈으며, 목록에 나온 중요 항목과 요약본 슬라이드를 주로 활용했다. 우리는 이 같은 콘셉트를 도입하며 했던 말이 있다.

"만약 당신이 5분 내에 하고 싶은 이야기를 간결하게 하지 못한다면 안 하느니만 못합니다. 사람들은 얼마 지나지 않아 졸거나 이메일을 확인하기 시작할 겁니다."

누군가 20분 동안 연속해서 말하는 것을 경청하려고 노력한 적이 있는가? 화자가 극도로 명확하고 정확하게 청중을 사로잡으며 말하지 않는 한 그 시간은 악몽이 될 것이다. 모두들 마이크가 갑자기 꺼지는 것에 대한 두려움이 조금씩 있었기 때문에 회의는 언제나 25분 안에 끝났다. 생산성에는 어떤 영향을 주었을까? 1,000명의 사람들이 매주 1시간씩 절약했다. 단순히 작은 변화 하나로 절약한 시간은 회사 전체 시간의 2.5퍼센트에 달했다.

3개월 프로젝트를 하루 만에 끝내는 법

샘 레이나는 IT 업계의 리더다. 그는 하루에 수백만 명이 방문하는 대규모 웹사이트의 디자인과 개발 부문을 감독한다. 그와 일하는 팀원은 60명이 넘는다. 꽤 큰 규모의 팀이다. 팀원들은 하나의 일만 하지 않고, 디자이너를 비롯해 코더와 카피 에디터까지 여러 역할을 수행한다. 그렇다면 그는 어떻게 팀원들이 웹사이트의 새 페이지를 전적으로 디자인하여 게시할 수 있도록 동기를 부여했을까?

그는 파킨슨의 법칙을 따라 시간을 줄였다. 갑작스럽게 정한 회의에 모든 팀원을 참여하게 한 다음 해야 할 업무를 아침에 공표하면서 하루 안에 일을 마무리하라고 했다. 웹사이트 전체를 완성하는 데 오직 하루가 주어진 것이다! 디자인을 하고 레이아웃을 만드는 단계를 거쳐 시험 운영까지 모든 일을 하루 안에 끝내야 했다. 팀원들은 모두 마감 기한을 듣고 기절할 듯이 놀랐으나 곧 같이 모여 일을 하기 시작했다. 그는 말했다.

"일을 해야 하는 시간이 적을수록 우리는 더욱 집중하고 체계적으로 일을 하게 됩니다. 모두들 함께 일하게 되고요. 그렇게 해야만 하니까요. 그게 아니라면 마감 기한을 맞추는 다른 방법은 없습니다. 그리고 우리는 늘 어떻게든 해내거든요."

한 달이 걸릴 수도 있는 프로젝트를 하루 만에 끝내면서 그는 모든 팀원의 생각하는 시간과 업무 시간을 해방시켰다. 아무도 침대에 누워서, 욕조에서, 버스를 타며 웹사이트에 관한 생각을 하지 않았다. 그 대신 다른 것들을 생각할 수 있었다. 웹사이트에 대한 이메일도, 퇴근 후 메시지도, 회의도 없고 누가 무슨 이야기를 했는지 혼란

아무것도 하지 않고도 모든 것을 얻는 법

스러워할 일도 없었다. 모두 직접 동시에 소통했다. 그 일이 끝날 때까지. 그렇다면 시간을 추가로 받을 수 있는 뜻밖의 비법은 무엇일까? 일하기 위해 필요한 시간을 잘라내는 것이다.

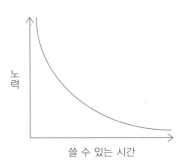

그래프의 세로축을 보자. 사용할 수 있는 시간이 적을수록 노력을 많이 한다. 이때는 선택의 여지가 없다. 마감 기한이 코앞에 와 있다. 시험이 닥쳤을 때 얼마나 집중하는지 생각해보자. 2시간 만에 끝낼 수 있을까? 아마 2시간이면 충분할 것이다. 이러한 마감 기한은 절박함을 이끌어내며 우선적으로 중요한 것에 집중하게 해준다.

이제 그래프의 가로축을 보자. 사용할 수 있는 시간이 늘어날수록 노력을 덜 하게 된다. 오늘 조금 생각하고 내일부터 프로젝트를 시작해도 된다. 다음 주에 검토해도 된다. 이렇게 질질 끈다. 왜 그럴까? 시간이 허락하기 때문이다. 물론 불이익도 없다. 그러므로 늦어지는 마감 기한은 생산성을 빠르게 떨어뜨리는 지름길이다.

노스코트 파킨슨은 늦춰지는 마감 날짜에 대해 이런 말을 남겼다. "지연은 거부의 가장 정확한 형태다."

즉, 무엇이든 결정을 미룬다면 사실상 그 일을 피하거나 거부한다는 뜻이다. 혹시 제 시간에 과제를 끝냈는데 마감 기한이 미뤄진 적이 있는가? 실망이 이만저만 아니었을 것이다. 그때는 설령 본래 마감 기한에 맞춰 과제를 끝냈더라도 제출할 때까지 계속 이미 끝낸 과제를 훑어보며 괴로움을 느낀다. 이때 좋은 방법이 없을까? 어떻게 하면 나아질까?

기억하자. 일은 완수하는 데 쓸 수 있는 시간만큼 늘어난다. 사촌의 두 번째 약국에서, 1,000명이 참석한 회사 회의에서, 정상적인 웹사이트 개발 주기에서 보이지 않는 불리한 점은 무엇이었을까? 시간이다. 시간이 지나치게 많았다. 일은 결과적으로 쓸 수 있는 시간만큼 늘어난다. 해결책은 무엇일까? 막판 공포심을 유발하자.

마감 기한을 앞으로 당겨 스스로 일정을 조정한다. 과제를 제출한 후에 여유가 생긴다는 것을 기억하자. 늦어지는 마감 기한은 고통스러울 뿐이다. 그동안 아무것도 이뤄지지 않는다. 금요일 밤에는 오직 공부벌레나 괴짜만 숙제를 할까? 그럴지도 모른다. 하지만 그들은 주말 내내 파티를 즐길 자격이 있다.

작은 변화 하나로
하루에 1시간씩 버는 법

나는 20대 초반에 처음으로 사무직 근무를 시작했다. 새 학기 시작 전 4개월 동안 시내 고층 건물에 있는 번듯한 대규모 컨설팅 회사에서 폼 나게 여름 인턴을 하게 된 것이다. 케이시는 직속 상사이자 내가 여름 인턴을 하며 맡은 세계적인 정유회사에 관련된 프로젝트의 총괄 팀장이었다.

어느 월요일 아침, 나는 유리창으로 아침 해가 들어오며 책상 위를 비추는 그의 사무실에서 그와 책상 하나를 사이에 두고 앉아 있었다. 마침내 3개월 이상 계속된 야근 스트레스와 주말 근무를 이제 막 마무리하려는 참이었다. 우리는 중요한 마지막 프레젠테이션을 단 몇 분만 남겨놓고 있었다. 케이시의 유머감각은 그동안 중국식 배달음식으로 끼니를 때우는 등 힘들었던 모든 일을 견뎌내고 결국 일을 제대로 해낸 원동력이었지만, 그는 방금 깜짝 놀랄만한 마지막 질문을 했다. 나는 신경이 날카로운 상태로 더 이상 남아 있는 에너지도 없었다.

"우리는 왜 실제 수치를 모르고 사무실에서 추측만 하고 있을까요?" 그가 물었다.

"로저에게 세 통의 이메일을 보내 정확한 수치를 알려달라고 요청했지만 그는 답장을 보내지 않았어요. 단 한 번도 로저는 우리가 요청한 수치를 알려준 적이 없죠. 그의 비서에게 두 번이나 확인했지만 역시 아무런 회신도 받지 못했어요. 그는 우리와 같이 일한다는 사실도 잊은 것 같아요. 잘 아시잖아요."

로저는 명성 높은 정유회사 CEO로 모든 사람들이 우러러보는 존재였다. 그는 화려한 잡지 기사에 대대적으로 소개되어 매년 태연하게 매출액을 경신하면서도 일과 생활이 균형 잡힌 삶을 지지하는 리더로 사람들에게 알려져 있다.

3개월 전 그와 첫 회의를 마친 후, 나는 회의 내용을 정리하고 다음 단계를 묻는 이메일을 그에게 보냈다. 그는 답장하지 않았다. 그래서 나는 로저가 급하게 질문을 하거나 요청하는 이메일이 올 경우를 대비해 매일 밤 집으로 노트북을 들고 갔다. 혹시 회사 CEO인 그가 늦은 밤에 다음날 아침 프로젝트에 관해 질문한 답변을 한 번이라도 보낼까봐 나는 30분마다 한 번씩 이메일을 확인했다. 그가 무엇이든, 어떤 것이든 필요하다면 언제나 연락할 수 있게 준비하고 있었다.

하지만 그에게서는 아무 연락도 없었다. 같이 일하는 3개월 동안 그는 단 한 통의 이메일도 보내지 않았다. 또한 케이시에게도 이메

아무것도 하지 않고도 모든 것을 얻는 법

일을 전혀 보낸 적이 없다. 우리는 몇 가지 질문을 간단히 적어 보냈지만 단 한 번도 답장을 받지 못했다. 나는 케이시에게 그의 비서에게 보낸 메시지의 답장도 받지 못했다고 말했다. 그런데 지금 갑자기 중요한 프레젠테이션을 앞두고 케이시가 내게 왜 확실한 수치가 없는지 질문한 것이다.

나는 긴장을 가라앉히고 로저가 우리 회사 대표와 대화를 나누고 있는 회의실로 발을 들여놓았다. 그는 웃으며 자리에서 일어나 우리와 악수를 하며 업무를 잘 마무리해줘서 감사하다고 말했다.

"매우 흥분되는군요." 그가 활짝 웃으며 말했다.

"그동안 열심히 일해준 것에 대해 어떻게 감사의 말씀을 드려야 할지 모르겠습니다. 당신들은 정말 천재예요. 이번 일을 통해서 많이 배운 것 같습니다."

그가 답장을 한 번도 하지 않은 것에 화났던 마음이 눈 녹듯 녹아내렸다. 기분이 매우 좋았다. 우리는 프레젠테이션을 마치고 계속해서 만족스러운 회의를 진행했다. 편안한 분위기이면서도 주제를 벗어나지 않는 열린 토론이었다. 그는 매우 만족해했다. 그리고 나는 회의를 하면서 모든 것이 너무나 편안하게 느껴지는 것에 놀랐다. 그는 마치 오래된 친구처럼 우리와 이야기를 나눴다. 회의가 끝나자 우리 사이에 신뢰가 한층 쌓인 듯했다. 자리를 정리하면서 나는 아주 짧은 순간 떠오른 생각을 그에게 마지막으로 묻기로 결심했다. 자제하려고 했지만 그 순간 어쩔 수 없었다.

"오늘 정말 감사했습니다. 전에 몇몇 수치를 산출하는 데 어려움을 겪긴 했지만요. 궁금했던 추가 질문을 했지만 한 번도 답장을 받지 못했죠. 그런데 왜 이제까지 제게 이메일을 보내지 않고, 제가 보낸 이메일에조차 답장을 전혀 하지 않았는지 알려주실 수 있나요? 어떻게 그럴 수가 있었죠?"

눈을 살짝 크게 뜬 그는 질문을 듣고 놀란 것처럼 보였다. 하지만 당황하지 않았다.

"닐, 이메일에는 문제가 많아요. 당신이 한 통을 보내면, 이메일에 담긴 책임감이 당신에서 벗어나 다른 사람에게로 가게 됩니다. 보통 난감한 문제죠. 당신이 보낸 이메일도 누군가로부터 받은 일일 테고요."

나는 케이시와 동료들에게 받은 모든 이메일을 생각하며 고개를 끄덕였다.

"나는 이메일을 읽긴 하지만, 보통 사람들이 어떤 답을 질문하며 보내는 이메일은 내용상 보이는 것보다 언제나 덜 급한 일입니다. 내가 답장을 하지 않으면 다음 둘 중 한 가지 일이 벌어져요. 그들 스스로 답을 찾아내거나, 매우 중요한 일이기 때문에 내게 다시 이메일을 보내는 거죠. 물론 나도 하루에 한 통이나 두 통의 이메일을 보내지만, 받은 사람은 늘 이렇게 말해요. '전화 좀 줘', 혹은 '다음에 다시 얘기해' 물론 아내에게 받았을 때만 제외하고요. 아내에게는 전부 답장하거든요."

나는 굉장히 혼란스러웠다. 어떻게 수십억 달러 규모의 회사 CEO가 수천 명의 직원들과 이메일을 주고받지 않을 수 있지? 그는 내 표정을 잠시 살피더니 내가 이해하지 못한 것을 눈치 챘다.

"자, 들어봐요." 그가 계속 말했다.

"나는 이메일을 많이 보내지 않기 때문에 많이 받지도 않아요. 내가 하루에 받는 이메일은 약 다섯 통에서 열 통 정도밖에 안 될 겁니다."

하루에 이메일 다섯 통이라고? 내가 일하는 컨설팅 회사에서는 아침, 점심, 저녁으로 이메일을 주고받는다. 예외인 사람은 없다. "내 받은 메일함에는 700통 정도의 메일이 있어.", "일요일 오후 내 내 이메일만 썼어." 동료들은 한숨을 쉬며 이렇게 말하곤 한다. 이메일을 피할 길은 없었다. 결국 상사들은 아침 7시, 토요일, 늦은 일요일 오후, 혹은 금요일 밤 11시까지 급한 이메일을 보냈다. 이것은 회사 내에서 매우 흔한 일이었다. 맥킨지는 일반적으로 사무실 직원들이 하루에 평균 28퍼센트의 시간을 이메일로 답장을 하며 보낸다는 보고서를 작성하기도 했다. 거의 하루의 3분의 1에 달하는 시간이다. 그리고 세계에서 가장 큰 이메일 관리 서비스 회사 중 하나인 베이딘에 의하면, 사람들은 보통 하루에 평균 147통의 이메일을 받는다고 한다. 우리는 핸드폰과 컴퓨터에 늘 매여 이메일을 여기저기 쏘아 보내면서 할 일을 전부 끝내기 위해 노력한다. 이것은 우리 일의 일부분이다. 그리고 우리는 모두 일을 잘하기 원한다.

갑자기 로저가 왜 매일 회사 카페테리아에서 직원들과 점심 식사를 하고, 매일 저녁 가족들과 저녁 식사를 하는 것으로 유명한지 이해할 수 있었다. 그는 난감한 문제에 답변하지 않았다. 그는 이메일에 답장하지 않고, 이메일로만 주고받는 대화가 아닌 실제로 사람들과 대화했다. 나는 로저를 다시 올려다봤고, 그는 계속 말을 이어갔다.

"닐, 사람들은 주로 어떤 것이든 스스로 생각해내요. 그들은 자신이 답을 알고 있다는 사실을 깨닫고 계속 앞으로 나아갑니다. 그런 과정을 거쳐 자신감을 쌓고 스스로 더욱 발전하게 되죠. 오늘 슬라이드를 통해 추정한 수치가 완벽하지는 않았지만, 더할 나위 없이 잘해줬어요. 직접 일하면서 많이 배웠을 겁니다. 그렇다고 내 말을 오해하지는 말아요. 나는 가끔 외출해서 수다를 떨거나 전화를 하기도 합니다. 하지만 이메일에 답장을 보내면 보통 난감한 문제를 같이 보내게 되죠. 그리고 CEO에게 지시받기를 원하는 사람은 아무도 없을 겁니다. 퇴근 후나 주말에도 신경 쓰지 않아요. 왜냐고요? 사람들은 답장해야 할 내용이 있는 이메일을 보내고, 내가 그것을 답장해주기를 기대해요. 다시 말해서 내가 일단 이메일을 보내면, 영원히 끝나지 않을 겁니다. 그래서 내가 애초에 끝내는 거죠."

당신의 가장 소중한 자산을 보호하는 방법

당신은 오직 하나의 뇌를 갖고 있다. 그리고 뇌는 한 번에 한 가지 일에만 집중한다. 뇌는 전 우주에서 가장 믿을 수 없을 만큼 복잡한 대상이다. 우리는 심지어 이제껏 뇌와 비슷한 그 어떤 것도 본 적이 없다. 우리는 뇌에 대해 아는 것이 거의 없다. 뇌를 늘 사용하지만 어떻게 사용하는지도 알지 못한다. 예를 들어 발차기를 할 때 우리는 자연스럽게 다리를 뒤로 움직였다가 앞으로 뻗는다. 생각할 때는 그냥 생각한다.

뇌는 무한한 가능성의 능력을 가졌다. 위대한 예술품을 탄생시키고, 비즈니스를 구축하며, 아이들을 길러낸다. 뇌는 〈별이 빛나는 밤〉 같은 명작과 중국의 만리장성을 세상에 존재하게 했다. 비틀즈와 성경책을 비롯해 비행기, 기차, 자동차도 만들어냈다. 뇌는 당신의 인생을 그 자체로 살아가게 만들어주며, 인생이 다할 때 같이 사라진다. 좋은 소식은 뇌를 사용하는 데 어떠한 보증금도, 월세도, 월 이자도 없으며, 당신은 전 우주에서 가장 복잡하고 강력한 물건을 공짜로 얻는다는 것이다. 평생 당신 소유다. 유일한 나쁜 소식은 뇌에 품질보증서가 없고, 매일 재충전이 필요하며, 세계에서 가장 긴 시간 지속되는 모델조차 오직 4만일 동안만 사용할 수 있다는 것이다.

뇌는 조심하지 않으면 고장 난다. 안전벨트와 오토바이 헬멧, 그리고 운동이 필수적이다. 당신의 뇌는 힘을 발휘하기 위해 하루에 6시간에서 8시간씩 잠을 자고, 가능한 건강한 음식을 먹으면서 재충전해야 한다. 꽤 많은 연료가 필요한 셈이다. 단순히 뇌가 힘을 발휘하는 데만 하루에 16개 이상의 사과를 먹는 것과 같은 양이 필요하다. 하지만 기억하자. 당신의 두개골에는 세계에서 가장 강력한 슈퍼컴퓨터가 3파운드 무게의 살덩어리로 압축되어 있으니 그렇게 많은 에너지를 필요로 하는 것도 당연하다. 당신이 먹은 모든 음식의 거의 3분의 1이 곧장 뇌로 흘러들어가 힘을 공급한다.

로저는 회사에서 가장 현명하고 똑똑한 사람이었다. 이를 의심하는 이들은 없었다. 그는 해가 지날 때마다 더욱 성장했다. 매일 카페테리아에서 점심을 먹고 매일 저녁 가족과 함께 저녁을 먹으면서도 모든 것을 이뤄나갔다. 나는 그와 3개월 밖에 함께 일하지 않았지만, 그 시간 동안 그에게 작은 변화만으로도 하루에 1시간씩 늘리는 방법을 배웠다. 어떻게 가능했을까?

접근을 차단해 뇌를 보호하고 지키면 된다. 통제할 수 있는 단 한 가지만 남긴 채 당신의 뇌로 통하는 모든 입구를 제거한다. 로저는 이메일을 차단한 것 외에도 사무실 전화와 개인 이메일 주소, 심지어 어떤 소셜 미디어 계정도 없었다는 사실을 나는 나중에야 알았다. 뇌에 연료를 공급하고 원활하게 돌아가게 하려면 접근을 차단해야 한다. 입구를 닫고 창문을 잠그지만, 단 벨소리에는 응답한다.

이게 무슨 말일까? 여기서 벨소리는 당신이 가장 우선으로 여기는 것을 의미한다. 로저의 벨소리는 무엇이었을까? 이사회에서 보낸 이메일과 그의 가족이었다. 보이스메일도, 문자도, 그 어떤 것도 아니었다. 카운터에 작은 벨이 있는 작은 도시의 편의점에 방문해본 적이 있는가? 그곳 직원들은 선반에 물건을 쌓아 놓느라, 상자를 개봉하느라, 주문을 받느라 바쁘다. 하지만 누군가 벨을 누르면 바로 응답한다. 그런 작은 편의점을 상상하면 이해하기 쉽다. 이것이 바로 문을 닫고 창문을 잠그지만 벨소리에는 응답한다는 뜻이다.

뇌가 위대한 작품을 탄생시키고 여유를 즐기도록, 그리고 대단한 아이디어를 생각해내고 가장 열정적으로 시도하도록, 그래서 결국 엄청난 성취를 이뤄내도록 하자.

사람들이 가장 크게 오해하는 개념, 멀티태스킹

멀티태스킹. 동시에 두 가지 이상의 일을 한다는 뜻이다. 사람들은 이 단어를 얼마나 자주 사용할까? 멀티태스킹의 정확한 의미는? 이 단어는 대체 어디서부터 유래된 것일까?

멀티태스킹이라는 단어의 근원을 알아내려면 1965년 IBM이 작성한 서류 한 장으로까지 거슬러 올라간다. 그 당시 멀티태스킹의 정

　　　　　　　아무것도 하지 않고도 모든 것을 얻는 법

의는 이랬다.

"동시에 여러 일을 분명하게 처리하는 마이크로프로세서의 능력."

그렇다. 이것이 실질적인 의미다. 서류에 적힌 그대로다. 다시 한 번 살펴볼까? 이번에는 단어 하나에 밑줄을 그어보겠다.

"동시에 여러 일을 <u>분명하게</u> 처리하는 마이크로프로세서의 능력."

분명하게? 그들은 무슨 생각으로 분명하게라고 했을까? 다시 말해, 컴퓨터조차 실제로는 동시에 여러 일을 처리하지 못한다는 말인가? 아니다. 그런 뜻은 아니었다. 여기서 소개할 또 다른 문구가 있다. 이번에도 단어 하나에 밑줄을 그어보겠다.

"싱글코어 마이크로프로세서에서의 컴퓨터 멀티태스킹은 실질적으로 프로세서의 <u>타임셰어링</u>(time-sharing, 하나의 시스템을 여러 사용자가 함께 사용할 수 있도록 시간을 조금씩 나누어 처리하는 방식-옮긴이)을 포함한다. 즉, 실제로 한 번에 오직 하나의 일만 실행될 수 있지만, 일들이 1초에 여러 번을 돌아가며 실행되는 것을 의미한다."

타임셰어링, 우리는 이런 표현에 익숙하다. 우리에게 익숙한 개념이다. 마치 1년 내내 다섯 커플이 호숫가 집을 나눠서 사용하는 것과 같다. 모두들 호숫가 집이 자신의 소유라는 착각을 하고 있다. 하지만 실제로 사람들은 각자 다른 시간에 사용할 뿐이다.

싱글코어 마이크로프로세서도 마찬가지다. 우리는 모두 뇌를 하나씩 갖고 있다. 누구나 예외는 없다. 우리는 듀얼코어 컴퓨터는 만들었지만, 아직 뇌가 두 개 있는 아이를 탄생시키지는 못한다. 뇌가 두 개 있는 아이라면 실제로 멀티태스킹이 가능할 것이다.

지금 당신이 어떤 생각을 하고 있을지 알 것 같다. 컴퓨터가 실제로 한 번에 하나 이상의 일을 하지 않는다고 해서 당신도 못하리라는 법은 없다고 말이다. 하지만 당신이 한 번이라도 양말을 벗으면서 이를 닦거나, 운전을 하면서 문자를 보내거나, 혹은 전화 회의를 하면서 이메일에 답장한 적이 있을까? 없다. 이 중에 어떤 것도 실제로 해낸 적이 없다.

운전을 하다가 문자를 보내는 사이에 아주 잠깐이라도 쉬었을 것이고, 문자를 보내다가 운전을 하는 사이 역시 아주 조금이라도 틈이 있기 마련이다. 이를 닦다가 양말을 벗는 사이에 아주 잠시라도 쉬었을 것이고, 양말을 벗다가 이를 닦는 사이에도 분명 틈이 있었다. 전체적으로 보면 당신은 이 모든 것을 해냈을 수도 있다. 하지만 단지 멀티태스킹이라는 착각을 만들어냈을 뿐이다.

친구 마이크가 내게 한 말이 있다. "동시에 두 가지 일을 망치는 것을 멀티태스킹이라고는 할 수 없지."

컴퓨터 두뇌의 멀티태스킹에 관한 글을 하나 더 보자. 내셔널 인스트루먼트사가 작성한 백서에 나온 글이다.

싱글코어 CPU를 탑재한 컴퓨터가 한 번에 하나의 일만 한다는 것은 CPU가 적극적으로 그 일에 대한 지시를 실행한다는 뜻이다. 멀티태스킹은 언제라도 진행될 수 있는 일이 무엇인지, 그리고 차례를 기다리는 다른 일이 언제 일어나는지 일정을 짜는 방법으로 문제를 해결한다. 이처럼 CPU를 하나의 일에서 또 다른 일로 재배정하는 행위를 '문맥 전환'이라 한다.

아무것도 하지 않고도 모든 것을 얻는 법

문맥 전환이 충분할 정도로 자주 일어나면 '병행 착각'이 일어난다.

문맥 전환이 충분할 정도로 자주 일어나면 병행 착각이 일어난다. 모든 직원이 하는 가장 큰 오해는 바로 그들이 멀티태스킹을 할 수 있다고 믿는 것이다. 물론 그들의 뇌는 한꺼번에 두 가지 일을 할 수 있다. 하지만 그들은 할 수 없다. 이것이 병행 착각이다. 촘촘하게 짜인 일정 사이에서 많은 일들을 넘나들며 하다 보면 모든 사람은 실제로 동시에 두 가지 일을 하고 있다고 생각하지만 사실은 그렇지 않다. 단지 여러 일을 하는 사이에 어떤 일을 집어 넣었을 뿐이다. 전화 회의를 하다가 '묶음' 버튼을 누르고 이메일 확인하는 사람을 한 번이라도 본 적 있는가? 대부분 전화 소리에 귀를 기울이지 않는다. 거의 회의 초반에 인사한 다음, 누구든 그들의 이름을 부를 때면 곧바로 문맥 전환을 한다. 예를 들어, "린다, 이 제안에 대해 어떻게 생각합니까?"라는 말이 들리면 린다는 그제야 갑자기 이메일 보내는 것을 중단하고 견해를 밝히는 식이다. 병행 착각은 그렇게 이루어진다.

의사들만이 유일하게 무선 호출기를 사용했던 때를 기억하는가? 가끔 그들은 자리를 비울 때면 호출 대기 상태로 항상 호출기를 들고 다녔다. 대기 상태가 아니면 연락할 방법이 없었다. 응급 상황이 발생했을 때 병원에서 의사에게 호출하면 그들은 차를 끌고 가서 산모의 출산을 돕거나 맹장을 잘라내곤 했다. 응급 상황을 대비한 응급 장치가 필요했다. 그러다가 어느 순간 모든 사람들이 무선 호출기를 갖고 다니기 시작했다. 그리고 얼마 지나지 않아 모두 휴대전화를 소지하게 되었다. 이제 언제든, 어떤 방법으로든 모든 이에게 접근할 수 있다.

일요일에 모든 상점이 문을 닫던 때를 기억하는가? 일요일은 가족과 함께 보내는 날이었다. 또는 교회 가는 날, 조용한 날이었다. 문을 연 곳은 아무데도 없었다. 사람들은 아무것도 할 수 없었다. 누구나 마찬가지였다. 그러자 몇몇 상점들이 일요일에도 문을 열기 시작했다. 곧 경쟁을 원하는 곳들이 생겨났고, 지역 법까지 바뀌었다. 이제 온라인 상점은 1년 내내 접근이 가능하다. 작은 변화 하나로 하루에 1시간을 더하는 방법은? 접근을 제한하는 것이다. 문을 닫고, 창문도 잠그고, 벨소리에만 응답하라.

당신의 뇌가 실제로 작동하는 두 가지 형태

영국의 희극 집단 몬티 파이튼의 공동 창립자인 존 클리스는 접근을 차단하는 몇 가지 방법을 알고 있었다. 뇌를 바쁨의 횡포에서 해방시키는 것이다. 그는 접근을 줄이고 그의 삶에서 여유를 갖는 것으로 유명하다. 그 결과는 어땠을까? 그는 골든 글로브를 수상하고 아카데미 시상식 후보에 올랐으며, 70대가 될 때까지 무려 100편 이상의 영화에 출연했다.

존은 비디오아트 기구에서의 연설에서 우리의 뇌가 닫힌 형태로 작동할 때를 이렇게 설명했다.

"우리가 일하는 대부분 시간입니다. 우리는 모든 것을 경험하려면 해야 할 것이 많고 사람들과 잘 지내야 한다고 늘 생각합니다. 이는 적극적이지만 어쩌면 조금은 불안한 방식입니다. 비록 불안 상태

아무것도 하지 않고도 모든 것을 얻는 법

가 흥분되고 즐거울 수는 있겠죠. 또한 매우 목적이 뚜렷한 방식이자, 굉장히 스트레스를 받으며 심지어 조금은 광기어린 방식이라고 할 수 있습니다."

이와 반대되는 형태는 무엇일까? 존은 이를 열린 형태라고 불렀다. 이때 뇌는 자유롭고 활발해지며 대단한 일을 성취할 수 있다. 조금 앞뒤가 맞지 않다고 느낄 수 있다. 하지만 뇌로 오는 접근을 차단시킴으로써 마음을 열게 된다.

"반대로 열린 형태는 편안하고 느긋하여 포용력이 넓어지는 덜 목적 지향적인 형태로, 이때 우리는 어쩌면 더욱 사색하고, 유머가 좀 더 자연스럽게 나오며 결국 훨씬 친밀하고 활발해지죠. 특정한 일을 빨리 끝내야 한다는 압박이 없기 때문에 그 자체를 위한 호기심이 작동하는 것입니다. 자유롭게 놀 수 있기 때문에, 그것이 우리의 자연스러운 호기심을 드러나게 해주는 겁니다."

그렇다면 우리는 어떻게 열린 형태로 바꿀 수 있을까? 다시 말해 어떻게 접근을 차단할까?

"자신만의 공간이 있어야 합니다." 그가 말했다. "당신이 평상시와 같은 압박에 시달리고 있다면 친밀해지거나 창의적이 될 수 없습니다. 그러한 일을 해결하려면 닫힌 형태여야 할 테니까요. 그렇지 않습니까? 그래서 당신은 그러한 요구에서 멀리 떨어져 자신만을 위한 공간에서 여유를 가져야 해요. 자신을 완전히 봉인하라는 말입니다. 누구에게서도 방해받지 않는 자신만의 조용한 공간을 반드시 만들어야 합니다."

누구에게서두 방해받지 않는 자신만의 조용한 공간을 반드시 만들어야 한다. 그러면 실제로 어떻게 외부의 방해 요인을 제거할까? 어떻게 당신에게 오는 접근을 차단할 수 있을까? 숲속 깊은 곳에 있는 판잣집에서 살지 않는 한 말이다. 결코 쉬운 일이 아니다.

월마트에서 리더십 개발팀의 책임자로 일하는 동안 사람들이 나와 의사소통할 수 있는 방법을 세어보니 정확히 여섯 가지의 방법이 있었다. 이메일, 보이스메일, 메신저, 문자, 메모, 그리고 나를 직접 찾아오는 식이었다. 모든 방해는 시간이 소요되었다. 갑자기 다음의 세 가지 일을 해야 했기 때문이다.

1. 즐겨찾기 등록하기
2. 우선순위 매기기
3. 전환하기

미시건 대학교의 심리학자 데이비드 메이어 교수는 "직장에 있는 사람들은 워드 프로세서를 열심히 하면서 동시에 전화도 받아야 하고 동료나 상사와 이야기도 해야 합니다. 그들은 하루 종일 상태를 전환하는 것이죠. 집중하지 못하는 상태, 그러니까 한 번에 10분 정도 집중을 못하는 것은 회사가 잠재적 효용 손실이나 전환하는 '시간 비용'의 측면에서 20에서 40퍼센트 정도를 낭비한다는 의미일 겁니다. 사실상 당신은 이 일에서 저 일로 넘어가며 잠시 '작가의 슬럼프'를 겪는 것이죠. 처음에 당신은 (a) 일을 전환하기 원하다가, (b) 전환하고, 그 다음 당신이 (c) 전환한 일을 본격적으로 합니다"라고 말한다.

아무것도 하지 않고도 모든 것을 얻는 법

밴더빌트 대학의 심리학자인 르네 마로이스는 뇌가 '반응 선택의 막힘 현상'을 나타내는 것을 보여주는 실험을 진행했다. 마음에 쏙 드는 실험이다. 이메일이 밀려드는 동시에 누군가 나를 부르고, 또 그 순간 다른 누군가 내 책상 쪽으로 걸어오면 무슨 일이 일어날까? 반응 선택의 막힘 현상이다. 로봇 목소리가 들리는 것 같다. "에러입니다. 에러입니다. 반응 선택이, 막혔습니다." 한마디로 궁지에 몰려 옴짝달싹 못하게 된 것이다.

하버드 경영대학원에서 진행한 또 다른 연구로는 주아 줄리아 리, 프란세스카 지노, 브래들리 스태츠가 진행한 "레인메이커: 나쁜 날씨는 어떻게 좋은 생산성을 의미하는가"가 있다. 그들은 나쁜 날씨가 선택 사항을 줄이고 생산성을 높이는 것을 보여줬다. 외부로 덜 나가면? 실내에서 더욱 많은 일을 하게 된다는 것이다.

하루는 일을 하며 내게 오는 접근을 최대한 많이 막아보려고 결심했다. 문을 닫고, 창문도 잠갔다. 하지만 벨소리에는 응답했다. 내게 벨소리는 상사에게 오는 이메일이었다.

우선 보이스메일에 로그인을 한 다음 내 상태 표시를 보이스메일을 받지 않겠다는 '휴가 상태'로 영구적으로 바꿔놓았다. 어떤 소리도 울리지 않았다. 컴퓨터에 깜박이는 붉은 빛도 없었다. 나는 사람들에게 필요하면 이메일을 보내라는 메시지를 남기고, 여러 번 내 이메일 주소를 정말 느리게 써줬다.

그 다음에는 사내 메신저 프로그램을 삭제하고, 모든 직원들이 회사 전화에서 사용하는 텍스트 프로그램의 내 프로필도 삭제했다. 동료들은 병행 착각을 했기 때문에 이를 이용해서 메시지를 보냈다.

하지만 그것은 관심을 다른 곳으로 돌리기 위한 속임수였다. 나는 앞으로 다시는 '자리 비움 상태'로 해놓지 않을 것이다. 대신 프로그램 자체를 깔끔하게 삭제해버렸다.

마지막으로 이메일의 모든 알림 기능을 중지했다. 소리도, 팝업도 전부 꺼버렸다. 이메일이 도착해도 내게 알려주는 그 어떤 장치도 없었다. 보이스메일, 문자, 사내 메신저에 이어 이메일 알림 통지도 없앤 후 어떤 일이 벌어졌을까? 나는 일에 집중했다. 그리고 책상에서 벗어나고 싶을 때는 카페테리아에 가서 일할 수 있었다.

나에게 오는 접근을 잘라내고 나니, 집중할 것을 선택하고 뇌가 그 일만을 위해 노력하게 함으로써 결국 일을 확실하게 해낼 수 있었다.

자, 그렇다면 작은 변화 하나로만 당신의 하루에 1시간을 벌 수 있는 방법은?

접근을 차단하고, 문을 닫고, 창문을 잠근다. 그리고 응답하고 집중할 벨소리를 선택한다. 그것 하나만 제외한 모든 접근을 삭제하고 차단한다. 생산성이 급등하고 하루가 좀 더 생산적이 되면서 결국 당신은 아름다운 빈 공간을 갖게 될 것이다.

아무것도 하지 않고도 모든 것을 얻는 법

한가롭게 무언가 바라볼 여유마저 없다면 그걸 인생이라 할 수 있을까?

우리는 왜 그토록 바쁠까? 여유가 부족하기 때문이다. 그리고 우리의 삶에서 여유라는 빈 공간에 늘 충분한 가치를 두지 않기 때문이다.

바쁘게 살지 않는 비법은 무엇일까? 공간을 만드는 것이다. 이를 항상 확보해야 한다. 일별로, 주별로, 월별로 반드시 여유를 갖자. 이러한 생각을 점차 당신의 삶에 스며들게 하면 관계는 더욱 단단해지고 시간이 갈수록 결국 완전하게 행복한 삶을 살게 된다. 여유를 갖는 것이 바로 당신 자신을 바쁜 삶의 압박에서 해방시키는 비법이다.

여유, 즉 빈 공간을 만드는 세 가지 방법을 기억하는가? 세 가지를 제거해야 한다. 위협적인 검은 마스크를 쓴 채 크고 날카로운 낫을 든 배트맨을 기억하는가? 그들은 당신 삶의 일부를 잘라내어 당신이 다른 일을 할 수 있도록 자유롭게 만들어준다. 여유는 잘라내는 것에서 시작된다. 선택과 시간과 접근을 잘라내어 삶에 빈 공간을 만들자.

1. 모든 결정을 두 배로 빨리 내리려면? → 선택을 제거한다.
2. 시간을 늘리는 뜻밖의 방법은? → 시간을 줄인다.
3. 작은 변화 하나로만 하루에 1시간씩 벌려면? → 접근을 차단한다.

빈 공간을 만들면 우리는 무엇을 얻을까? 작가 팀 크레이더는 〈뉴욕 타임스〉에 "바쁨의 덫"이라는 글을 작성했다. 그중 일부를 살펴보자.

게으름은 단순히 휴식이나 탐닉, 혹은 악이라 할 수 없다. 이것은 비타민 D가 몸에 필수적인 영양소인 것만큼이나 뇌에 필수적이며, 구루병만큼이나 몸을 망가뜨리는 정신적 고통에 시달리면 빼앗긴다. 게으름이 제공하는 공간과 평온함은 삶에서 한 발짝 물러나 삶 전체를 보고, 예상치 못한 관계를 구축하고, 영감이 번개처럼 밀려드는 자연 그대로의 싱그러운 여름을 기다리는 필수 조건이다. 이것은 역설적으로 어떤 일이든 해내기 위해 반드시 필요하다.

모순처럼 들릴 수 있다. 한편으로는 절대 은퇴하지 말라고 했지만, 또 다른 한편으로는 더욱 많은 일을 해내기 위해 여유를 가져야 한다고 말하고 있다. 하지만 은퇴가 의미하는 것이 일을 완전히 그만둔다는 점이었음을 기억하자.

공간을 만든다는 의미는 당신의 삶에 공간을 주입하여 당신이 삶을 제대로 살 수 있게 한다는 것이다. 깊게 생각하려는 과정을 거쳐 심사숙고하면 아이디어가 마구 떠오른다. 그리고 타오름의 과정은 그 이후에 훨씬 달콤해진다.

'공간 그림'을 다시 살펴보자.

	높음	
생각하기	생각	타오름
	여유	행동
	낮음	실행 · 높음

타오름 칸과 여유 칸을 넘나들자. 생각하는 휴식 시간을 갖고, 행동하는 휴식 시간을 갖자. 삶에 플러스가 되는 세 가지 제거 방법을 활용하자.

인생은 짧고, 시간은 쏜살같이 흐른다. 그리고 당신이 지금 현재보다 젊어지는 날은 앞으로 절대 오지 않는다. 그러므로 선택을 제거하고, 시간을 줄이고, 접근을 차단해서 더욱 공간을 넓힌 후 그 공간을 더욱 알차고 강하게 만들자. 그러면 당신의 인생은 만족감과 자유, 그리고 행복으로 가득할 것이다. 나는 이것을 무엇보다 강조하고 싶다.

1911년 W. H. 데이비스가 쓴 〈한가로움〉이라는 시는 온통 여유를 찾는 것에 대해 노래했다. 우리는 오늘날 행복한 인생을 사는 방법을 이야기하는 완벽한 시를 찾으러 100년 전으로 거슬러 올라간다.

그게 무슨 인생일까
근심에 싸여 가던 길 멈추고
한가롭게 무언가 바라볼 여유가 없다면,

나무 아래 서서 양이나 암소처럼
평화롭게 경치를 바라볼 여유가 없다면,

숲속 지나며 다람쥐들이 풀숲에
도토리 숨기는 걸 바라볼 여유가 없다면,

밝은 대낮, 밤하늘처럼 별이 가득한
개울을 바라볼 여유가 없다면,

아름다운 여인의 눈빛에 고개를 돌려
춤추는 그녀의 발을 바라볼 여유가 없다면,

그녀의 눈에서 시작된 미소가
환한 웃음으로 변할 때까지 기다릴 여유가 없다면,

이 인생은 하찮은 것이리라, 만약 근심에 싸여
한가롭게 무언가 바라볼 여유가 없다면

아무것도 하지 않고도 모든 것을 얻는 법

우선 행복해져라

당신을 위해 일을 하라

항상 복권을 떠올려라

절대 은퇴하지 마라

당신에게 가장 큰 가치를 두라

여유를 가져라

3부

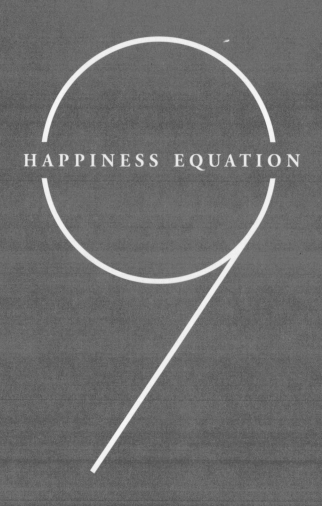

HAPPINESS EQUATION

모든 것을 갖기

내가 다섯 살 때 엄마는 언제나
인생에서 가장 중요한 것이 행복이라고 했다.
학교에 들어가자 선생님들은 내게
커서 무엇이 되고 싶은지 물었고,
나는 "행복"이라고 답했다.
선생님들은 내가 질문을 제대로 이해하지 못했다고 했지만,
나는 그들이 인생을 제대로 이해하지 못했다고 말했다.

-존 레넌

7장

가장 큰 두려움을
가장 큰 성공으로 바꾸는 방법

새로운 시도를 가로막는
두 가지 장애물

"겁먹지 말고 이쪽으로 내려와! 미끄럼틀을 타라고!"

나는 옆에 달라붙은 젖은 수영복을 입은 채, 연푸른색을 띠며 빛나는 수영장과 짙은 검은색의 턱수염을 기른 매우 건장한 남자가 팔을 벌리고 있는 모습을 내려다보며 푸른색의 플라스틱 곡선 미끄럼틀 위에 앉아 있었다. 그는 우리 아버지와 함께 가르치는 선생님이었고, 그곳은 학기말 학교 파티가 열리고 있는 교장선생님 집이었다. 모든 선생님들은 바비큐 근처의 테라스에 모여 여름의 시작을 축하했다.

"내가 잡아줄게! 겁먹지 말고 내려와!"

당시 여덟 살이었던 나는 수영을 못했지만 오후 내내 여동생 니나와 얕은 수영장에서 자주 놀면서 미끄럼틀 꼭대기에 올라간 아이들이 미끄러져 내려오며 발이 먼저 닿고, 손이 닿고, 얼굴이 닿으면서 신나게 비명을 지르는 모습을 지켜보곤 했다. 정원 호스 꼭대기에서 분출되는 스프링클러 물이 반짝였고, 뜨거운 태양이 비추는 미끄럼틀은 기름을 바른 듯 매끄러웠다. 내게 뛰어들라고 유혹하는 것처럼 보였다.

해낼 수 있어. 쉬울 거야. 결국 미끄럼틀에 올라가서 시도하기로 결심했다. 여섯 살 여동생은 물고기처럼 수영을 했고 부모님은 개헤엄 신봉자였다. 내가 가족의 희망이었다.

"내가 잡아줄게! 겁내지 마!"

연푸른색을 띠며 밝게 빛나는 수영장을 내려다보면서 아버지와 같이 근무하는 고등학교 수학 선생님의 눈을 바라봤다. 그리고 숨을 깊게 들이마신 후 몸을 앞으로 밀어냈다. 바람이 얼굴을 스치며 공포감에 뱃속이 요동쳤고, 그렇게 긴장하던 나는 밑에서 기다리던 건장한 선생님이 웃으면서 팔을 별안간 위로 들어 올리는 모습을 보고 갑자기 두려움에 사로잡혔다. 그는 나를 잡을 생각이 없었다. 나는 수심이 깊은 수영장 안으로 곤두박질쳤고 갑자기 푸르스름한 공포영화의 장면이 눈앞에 펼쳐졌다. 물을 잔뜩 마신 나는 숨을 쉬려고 애썼다. 온몸이 미친 듯이 떨렸다. 마치 불붙은 담요에 휩싸여 질식할 것 같은 숨 막히는 고통을 느꼈다. 눈에 초점을 잃고 몸을 격렬하게 계속 떨다가 마침내 누군가 큰 손으로 내 겨드랑이를 잡아 몸을 일으키는 것이 느껴지고 나서야 떠는 것을 멈췄다.

"봐, 이제 수영할 수 있잖아!" 그가 소리쳤다. 바비큐 연기와 맥주병이 보였고 멀리서 웃음소리가 들려왔다. 여동생은 부모님을 부르러 달려갔다. 나는 계속 기침하며 물을 토해냈다. 가슴을 찌르는 것 같은 통증을 느꼈다.

그때 나는 수영을 그만두었다. 어린 시절 내내 중이염을 앓게 된 나는 계속 귀에 관을 삽입한 채로 다녔다. 내가 고무로 만든 귀마개와 샤워할 때 쓰는 플라스틱 모자를 갖고 다니면서 수영 강습은 스케이팅 강습으로 바뀌었다. 여름 방학에는 수영장 끄트머리의 수심이 얕은 부분에서 몸을 담그거나, 혹은 가끔 구명조끼를 입고 물안경을 쓴 채 떠 있는 스티로폼이라면 무엇이든 단단히 붙잡고 몇 분 동안 발차기를 하며 나름 앞으로 조금씩 나아가기도 했다. 10대 시절에는 수영장 파티에 수영복을 가져가지 않고 갑판 위에 앉아 변명을 늘어놓기 일쑤였고, 대학 친구들이 체육관에 있는 수영장에 가면 나는 러닝머신 위에서 달리기를 했다. 수영이 두려웠던 나는 수영할 일이 생길 때 요리조리 빠져나가는 데도 선수가 되었다.

내가 왜 수영을 하지 않았을까? 우선 나는 내가 수영을 할 수 있을 거라고 생각하지 않았다. 사실 귀에 삽입한 관을 뺀 후 강습을 몇 번 받기는 했다. 하지만 서커스단 물개처럼 수영장 밑바닥에서 빛나는 야광 골프공을 주워 올리는 다섯 살 아이들이 노는 유아용 수영장에서 겁먹은 열네 살짜리가 얼굴을 집어넣지 않으려고 발버둥치는 모습을 상상해보라. 나는 될 수 있는 한 빨리 그만두어야 했다. 게다가 여전히 아버지와 함께 갔던 수영장 파티의 기억이 머릿속에 남아 있었다. 숨을 쉴 수 없었고, 물에 뜨지 않았던, 그래서 수심이 깊은 수영장 물로 곤두박질쳤던 생각이 떠오르면 고통스러웠다.

둘째, 나는 수영을 원하지 않았다. 내가 수영을 잘한다고 하더라도 누가 신경이나 쓸까? 내게 동기부여가 되는 것은 전혀 없었다.

그게 뭐 그렇게 중요한 일인가? 수영복을 입으면 스파게티 면처럼 가는 팔과 살이 쪄서 축 늘어진 가슴살이나 보일 것이다. 수영하면 춥고 물과 살균제에 푹 젖은 후 샤워하고 옷을 갈아입는 것 외에 다른 특별한 게 있나? 왜 그렇게까지 해야 하나 싶었다. 운동은 다른 방법으로도 얼마든지 할 수 있었다. 나이가 들면서는 바비큐를 먹거나 시원한 맥주를 마시면서 나누는 대화가 최고라고 늘 생각해왔다. 해안가 근처에는 살지도 않았다. 그렇게 나는 수영이 시간 낭비라고 굳게 믿었다. 가장 끌리지 않는 일을 막고 있는 두 가지 장애물은 무엇일까?

할 수 없는 것이다. 그리고 어쨌든 그 일을 원하지 않는 것이다.

순서만 살짝 바꾸면,
두려움이 성공으로 바뀐다

한 발짝 물러나 다시 생각해보자. 물론 수영은 내게 두려움의 대상이었다. 하지만 내 뇌에서는 우리 모두 익히 경험한 것과 같은 신호를 보냈다. 무언가를 하기 위해서 우리는 우선 할 수 있다고 생각해야 하고, 그 다음으로는 그 일을 하기 원해야 한다. 그러면 무슨일이 일어날까? 그 일을 한다. 이것이 바로 우리가 어떤 일이든 해낸 비법이다. 그 공식은 이렇다.

할 수 있다 → 하기를 원하다 → 한다

내 경우에는 '할 수 있다' 단계('나는 수영을 못 해')나, '하기를 원하다' 단계('나는 수영을 원하지 않아')를 넘지 못했기 때문에 결코 '하는' 단계('나는 수영을 할 거야')까지 도달할 수 없었다. 나는 이처럼

아무것도 하지 않고도 모든 것을 얻는 법

어려운 일을 해내는 비법을 몇 년 전에야 배웠다.

아내와 사랑에 빠지면서 모든 것이 갑작스럽게 변했다. 데이트를 몇 번 하고 어느 날 그녀는 저녁식사를 하면서 자신이 얼마나 수영을 사랑하는지 말했다.

"난 세상에서 수영하는 게 가장 좋아." 그녀가 말했다. "물 위에 떠 있을 때는 집에 있는 것처럼 편안하거든."

"난 아니야." 나는 조금 실망했다. "난 수영 안 해. 별로 좋아하지 않아."

"흠, 우리 오두막집에 오고 싶다면 해야 할걸. 우리 집은 호수 중간에 위치한 섬에 있어. 우리 가족은 모두 매일 아침마다 섬 주변을 수영해. 10세인 사촌 동생부터 80세인 할아버지 할머니까지. 한 명도 빠짐없이! 꼭 참여할 필요는 없지만, 만약 같이 수영을 안 한다면 자기는 부두에 앉아 있는 유일한 사람이 될 거야."

나는 그날 밤 수영 강습을 신청했다. 갑자기 나는 수영을 할 수 있을지, 혹은 그것을 원하는지와 같은 생각조차 전혀 들지 않은 채 뭔가에 이끌린 듯 바로 등록을 했다. 신용카드를 들고 온라인에 접속한 다음 시내 수영장에서 하는 성인 수영 기초반에 등록했다. 그로부터 몇 주 후 나는 20년 만의 첫 수영 수업을 위해 낡아빠진 탈의실의 옻칠한 소나무 벤치 위에서 초조하게 수영복으로 갈아입고 있었다. 내 심장은 쿵쾅쿵쾅 뛰었다. 손에는 식은땀이 났다. 지금이라도 옷을 다시 갈아입고 나가고 싶었다. 하지만 어떻게든 수영장 쪽으로 걸어 들어갔고, 그때 나는 내 인생에서 가장 소중한 것을 배웠다.

무슨 일이 일어났을까? 2분도 채 안 돼서 내가 수영에 잘 맞는다는 사실을 깨달았다. 참고로 나와 함께 배운 이들은? 최근에 내륙국가에서 이주한 이민자들이었는데 그들은 나보다 훨씬 트라우마가 심한 어린 시절을 보냈으며, 그들의 가족은 어렸을 때 돈이 없어서 수영 강습을 받지 못했다고 한다. 나는 일단 기초반에서 가장 못하는 학생이 아니었다. 모두 끔찍하게도 수영을 못했다! 신뢰는 금방 쌓였다. 1시간 만에 수심이 깊은 곳에서 구명조끼를 입고 물장구를 쳤다. 몇 주가 지나자 수영장에 뛰어 들었다. 한 달이 지나자 물속에서서 선헤엄을 쳤다. 그리고 수업이 모두 끝날 무렵에 자유형에 성공했다. 수영하는 내 모습은 마치 흠뻑 젖은 사슴처럼 보였지만, 내 마음속의 공포가 사라졌다. 어떻게 이런 일이 일어났을까?

이것이 비법이다. 이것이 바로 내가 깨달은 엄청난 교훈이다. 당신은 원하지 않는 어떤 일이든 해내기 위해 뛰어들 수 있다. 이거면 된다. 한 번 시도하면 반드시 성공하리라고 약속할 수 있다.

첫 번째 수영 강습을 받은 후 내가 수영을 할 수도 있을 것 같은 생각이 슬금슬금 들기 시작했다. 해낼 수 있으리라 생각했다. 수심이 깊은 곳에서 발차기할 때의 설렘은 다음 주에 내가 수영할 수 있는 모습을 떠올리게 했다. 지금 당장 수영을 하고 싶었다. 낡아빠진 탈의실도 사랑스럽게 느껴졌다. 지금 수영 킥판만 있다면 간절히 수영장으로 달려가기 원했다!

자, 이제 '두려움을 성공으로 바꾸는 비법' 공식이 한 방향으로 끝난 화살표에서 원으로 변했다.

처음에는 "할 수 있다 → 하기를 원하다 → 한다"의 공식이 다음과 같이 달라졌다.

아무것도 하지 않고도 모든 것을 얻는 법

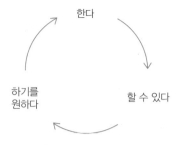

뭐가 달라졌을까? 순환 공식을 보자. 끝이 없다. 시작점 혹은 끝나는 지점이 없다. 끊임없이 흘러가고, 흘러가고, 흘러간다. '한다' 단계에서 끝낼 필요가 없다. 이것은 시작점이 될 수도 있다! 다시 말해 단순히 '하는' 단계를 거치기만 해도 '할 수 있다' 단계로 이어진다.

수영장에서 무슨 일이 일어났을까? 나는 수영을 했다. 그래서 내가 할 수 있다는 것을 믿었고 그렇기 때문에 나는 수영을 하기 원했다. '한다'에서 끝내는 것이 아니라 오히려 나는 '한다'에서 시작했다. 그리고 일단 시도함으로써 내가 할 수 있다는 생각을 갖게 했다. 그리고 할 수 있다는 생각을 함으로써 그것을 하기 원하게 되었다.

모든 일은 거꾸로 일어난다. 무엇을 하기 시작하면 자신감과 동기가 따라온다. 나는 일단 했다. 수영장에 갔고, 옷을 갈아입었다. 구명조끼를 입고, 발차기를 했다. 그래서 나는 할 수 있다는 것을 믿었다. 바로 이거였다! 나는 수영장에 있었지만 물에 빠지지 않았다. 그래서 하고 싶었다. 수영하기 원했다. 계속 하기 원했다.

위의 순환 공식은 대부분 우리가 매일 삶을 운용하는 방식을 완전히 뒤집는다. 보통 우리는 어떻게 할까? 주로 이렇다. 우선 어떤 일을 할 수 있다고 생각하면 그 일을 하기 원한다. 그러면 그 일을 한다.

우리는 무언가에 능력이 있어야 그것을 시도할 동기를 얻은 후 성공적으로 해낼 수 있다고 생각한다. 그렇지 않다면 실패할 거라고 여긴다. 바보처럼 보일지 모른다는 위험 요소는 두려움을 느끼게 한다. 이것이 내가 몇 년 동안 수영을 대한 태도였다.

이렇게 생각하면 무엇이 문제일까? 무슨 일이든 해내는 우리의 능력은 곧 무너져 내릴 것 같은 자신감(할 수 있다)과 영감(하기 원한다)의 철로 끝에 있는 광산 터널 밑에 놓아둔 채, 끌리지 않는 일은 계속 끌리지 않는 일로 남아 있게 된다. 그 다음은 어떻게 될까? 끌리지 않는 일 앞에 뚝 떨어진 정신적 장벽에 막혀 오히려 우리가 가장 끌리는 일은 아주 멀리 달아나게 된다.

책을 쓰고 싶은가? 책을 어떻게 쓰는지 배우는 글쓰기 강좌에 등록하고, 영감을 불러일으키는 완벽한 커피숍을 찾는다. 그러면 걸작을 쓸 것이다. 삐익! 틀렸다.

책을 쓰고 싶은가? 일단 한 페이지를 써본다. 형편없어도 좋다. 당신이 글을 썼다는 사실이 그것을 할 수 있다는 확신을 줄 것이다. 그러면 그 일을 하고 싶어지는 것이다! 왜 그럴까? 우리는 할 수 있다고 믿는 일들을 하는 것을 사랑하기 때문이다.

운동을 시작하고 싶은가? 개인 트레이너를 고용하거나 헬스클럽 회원으로 등록하고 새 운동화를 산다. 그리고 완벽한 운동 일정을 짜고 같이 운동할 친구를 찾는다. 그러면 운동광이 될 것이다. 삐익! 또 틀렸다.

운동을 시작하고 싶은가? 방문을 열고 밖으로 나간다. 그냥 달린

아무것도 하지 않고도 모든 것을 얻는 법

다. 입고 있는 옷이 무엇인지 상관없다. 얼마나 멀리 달리는지도 상관없다. 집 앞에 있는 거리 끝까지 2분만 뛰어갔다가 돌아와도 된다. 당신이 운동을 했다는 사실이 그것을 할 수 있다는 확신을 줄 것이다. 그러면 운동을 하고 싶어지며, 그 다음 당신은 자신감을 갖고 운동화를 살 동기가 부여된다.

한마디로 당시 내가 깨달았던 큰 교훈은 무엇일까? 하는 것만큼 쉬운 건 없다는 것이다.

그렇다면 더욱 많은 일을 끝내기 위해 어떻게 시작하면 좋을까? 여기 〈뉴욕타임스〉 베스트셀러 작가인 라밋 세티가 저서 《나는 부자가 되라고 가르칠 것이다 Will Teach You To Be Rich》에서 밝힌 일화를 소개한다.

나는 운동하러 가는 동기를 자신에게 부여하는 문제가 있었어요. 매일 아침마다 정신이 혼미한 상태로 일어나 늘 이렇게 말하곤 했죠. '아, 일어나야 되는데….' 그리고 나서 침대 위에서 뒹굴뒹굴하다가 도로 잠이 들었어요. 심지어 진심으로 운동하러 가길 원했는데도 그런 날들이 계속 되었죠. 마침내 나는 '동기' 하나만으로는 내 행동을 바꾸는 데 역부족이라는 걸 깨달았습니다. 그래서 다른 방법을 써보기로 했어요. 달력에 헬스클럽 일정을 추가하고 30분 일찍 잠자리에 들기 시작했죠. 그렇게 다르게 접근하고 2주가 지난 후의 결과는 썩 좋지는 않았어요. 하지만 내가 왜 헬스클럽에 가지 않았는지 한참을 분석해보니 깨달았어요. 내 옷장이 다른 방에 있었던 겁니다. 그 얘기는 내가 사각 팬티만 입은 추운 상태에서 부들부들 떨면서 옷을 갈아입으러 가야 한다는 걸 의미했죠. 이른 시간에 침대에 누워 있다가 별안간 이 사실을 깨달은 나는 전날 밤에 미리 옷과 신발을 침대 옆에 가져다 놓았습니다. 다음날 아침, 잠에서 깨어났을 때 침대 위에서 뒹굴뒹굴하다가 운동복이 바닥에 놓여 있는 걸 봤어요. 사실 그 옷을 밟지 않고는 일어날 수 없었거든요! 결과요? 헬스클럽 출석률은 300퍼센트 이상 올랐죠.

많은 사람들은 이러한 '운동복 효과'와 비슷한 결과를 보고해왔다. 어떤 이들은 심지어 운동복을 입고 잠들어 아침에 일어났을 때 이미 운동하는 것에 가까운 상태를 만들기도 한다. 결국 그들은 이미 옷을 챙겨 입었기 때문에 헬스클럽에 가는 것이 더욱 수월해졌다. 무언가를 바꾸기 위해서는 조금 더 움직일 필요가 있다.

30초만 들여 어떤 일을 하기 쉬운 상태로 만들자. 수영 강습에 등록한 내 경우도 비슷하다. 지금 생각하면, 만약 내가 첫 번째 수업에 빠졌었다면 수업료를 전부 날렸을 것이다. 라밋 세티는 침대 옆에 운동복을 놓았다. 만일 감자칩을 그만 먹고 싶다면 어딘가에 꽁꽁 숨겨놓자. 감자칩을 간절히 먹고 싶거나 TV를 볼 때 그런 군것질거리를 쉽게 먹지 못하는 환경을 조성한다. 그러면 먹지 않게 된다. 그러면 당신은 감자칩을 피할 수 있다고 생각할 것이고, 그 이후로는 감자칩을 먹고 싶지 않게 되는 것이다.

무언가를 '하는' 단계를 가장 앞에 놓고 '할 수 있는'과 '하기를 원하는' 단계를 저 뒤로 보낸다면 당신은 더욱 많은 일을 해낼 수 있다.

아무것도 하지 않고도 모든 것을 얻는 법

이제 앞으로
나아갈 때다

이 시대의 가장 위대한 물리학자인 뉴턴은 제1운동법칙에서 이 공식을 제대로 설명했다.

"움직이는 물체는 더 강한 힘에 의해 움직이지 않는 한 계속 움직이는 상태로 존재한다."

이를 다른 말로 하면 이렇다. 무언가를 하기 시작한다면? 당신은 계속한다는 것이다. 왜냐고? 동기는 행동을 유발하지 않기 때문이다. 행동이 동기를 유발한다.

나이키의 유명한 슬로건을 기억하는가?

"일단 하라(Just Do It)."

그들은 1988년 이 슬로건을 사용하기 시작한 후 시장점유율이 18퍼센트에서 43퍼센트로 올랐으며 매출이 8억 7,700만 달러에서 92억 달러로 급등했다. 나이키는 민감한 부분을 제대로 건드렸다. 우리 모두의 마음속 깊은 곳에 갖고 있는 열정과 용기를 움직인 것이다.

일단 하라.

직장에서 자신감을 갖고 프레젠테이션을 하고 싶다면 말하기 수업에 등록하지 마라. 거울 앞에서 연습할 필요도 없다. 일단 시도한다. 다음 팀 회의에서 발표하면서 일단 말하기 시작한다. 한 문장이라도 괜찮다. 그러면 말할 수 있다는 걸 깨닫고, 곧 말하고 싶다는 걸 깨달을 것이다. 당신은 말하지 않으면 무슨 일이 일어날지 알고 있다. 말하지 않는다면? 앞으로 결코 말할 수 없다. 그러면 팀 회의에서 발표하는 일은 앞으로 쭉 못하는 일이며 하고 싶지 않은 일이라고 못 박아 버리게 된다. 결국 말할 기회가 없는 직업을 갖고, 다시는 발표에 참여할 수 없으며, 회사에서 인기 없는 사람으로 전락할 것이다.

그렇게 만들지 마라. 일단 하라.

영화 〈나 홀로 집에〉에서도 이와 같은 메시지를 발견할 수 있다. 영화가 끝날 때쯤 케빈이 옆집 노인과 대화를 나누는 장면이 나온다. 그 노인은 아들과 연락이 끊겼다고 고백한다. 그는 매년 크리스마스마다 아들을 생각하지만 전화를 할 수 없었다. 왜 못했을까? 왜 그는 아들에게 전화를 할 수 없었을까? 그 이유는 자신감과 동기와 관련되어 있다. 그는 자신이 전화를 할 수 없다고 생각했기 때문에 결과적으로 전화를 하기 원하지 않았다. 그 장면에서 케빈이 우리가 어떤 일을 하면서 정면으로 부딪치는 두려움을 마주할 때의 잠재적인 부정적 면이 무엇인지를 아주 잘 설명해주고 있다.

케빈: 난 사실 우리 집 지하실을 항상 두려워했어요. 지하실은 어둡고, 그 밑에는 이상한 물건들이 많거든요. 냄새도 지독하고요. 지하실은 몇 년 동안이나 날 괴롭혔어요.

노인: 지하실이 원래 그런 곳이지.

케빈: 그런데 언젠가 빨래를 하려고 내려가 보니까 그렇게 나쁜 곳만은 아니더라고요. 지금껏 내내 걱정해왔는데, 일단 불을 켜보니 아무 것도 아니었어요.

노인: 무슨 말을 하려는 거니?

케빈: 할아버지가 아들에게 전화해야 한다는 거예요.

노인: 전화를 안 받으면?

케빈: 최소한 알게 되는 거죠. 그러면 더 이상의 걱정이나 두려움은 없을거예요.

회사 미팅에서 크게 말을 했을 때 일어날 수 있는 가장 최악의 일은 무엇일까? 비참하게 실패하는 것이다. 하지만 케빈이 말했듯이 최소한 당신도 실패했음을 알게 된다. 그러면 더 이상 걱정할 필요가 없다. 그리고 나면 다시 시도할 수도 있고, 혹은 아예 다른 것을 해도 된다.

비참하게 실패할 확률은 얼마나 될까? 매우 낮다. 위대한 리더들도 시도하고, 시도하고, 또 시도한다. 그들은 시도한다. 처음에 일단 시도하고, 그 다음에는 더 많이 시도한다. 물론 어떤 일에 실패할 수 있다. 그래도 계속 시도한다면 성공하는 횟수가 더욱 늘어날 것이다. 몇 번 성공하면 다시 시도할 자신감과 욕구가 생기고, 그러면 더욱 큰 성공을 불러온다. 결국 가속도가 붙는다.

코미디언 스티븐 라이트는 이처럼 일에 탄력을 주는 유명한 말을 남겼다.

"지금 책을 쓰고 있습니다. 방금 페이지 숫자 적는 걸 끝냈거든요."

이 말을 하면서 그는 우리가 갑자기 어떤 일을 시작할 때 앞으로 해야 할 일을 생각하며 긴장으로 뱃속이 울렁거리는 느낌을 설명하고 있다.

생각해서 새로운 방식으로 행동하는 것보다 일단 행동해서 새로운 방식으로 생각하는 것이 더욱 쉽다. 이제 앞으로 나아갈 때다.

일단 시작하라. 그게 무엇이든.

아무것도 하지 않고도 모든 것을 얻는 법

우선 행복해져라

당신을 위해 일을 하라

항상 복권을 떠올려라

절대 은퇴하지 마라

당신에게 가장 큰 가치를 두라

여유를 가져라

일단 하라

8장

나는 나와
어떤 관계인가

당신을 위해서, 당신이 되라

"의학 교과서에 근육을 그리는 일을 해요."

"온라인 쇼핑몰을 운영하고 있습니다."

나는 미소를 지은 상태로 눈살을 치켜뜨고 맥주 한 모금을 마시며, 시내 호스텔 바의 피크닉용 탁자 건너편에 앉아 있는 형광 핑크색 머리를 한 소녀를 뚫어지게 바라봤다. 그 당시 29세였던 나는 피크닉용 탁자 앞에 앉아 있었다. 이혼하고 혼자 살며 심리 치료를 받은 지 1년 정도 되었을 때 마침내 온라인 데이트를 하기로 결심한 것이다. 나는 늘 바랐던 진실한 프로필, 한마디로 내가 별나고 기이하다는 결점까지 모두 있는 그대로 쓴 프로필을 올렸다. 내가 어떤 사람인지, 그리고 무엇을 필요로 하는지 한참 동안 생각한 후 나를 설명해주는 특징을 다섯 가지로 요약했다. 호기심이 많고, 창의력이 있고, 낭만적이고, 낙관적이고, 야심 있는 사람으로. 결국 이러한 특징들을 종합해 내가 재미있고 흥미로우면서도 독특한 사람으로 비춰지길 바랐다.

존 레넌도 이렇게 말하지 않았나. "이상하지 않으려고 하는 것이 이상하다."

예전에 나는 블로그를 통해 오렌지 껍질을 단번에 벗겨 낼 때, 천둥이 오기 전 먼지투성이인 훈훈한 공기 내음을 맡을 때, 포크질 한 번에 마카로니 면을 하나씩 올리면서 먹을 때와 같은 순간을 사랑한다고 했다. 이것 외에도 내가 어떻게 아무도 샤워실에 숨어 있지 않다는 확신을 하고 양치질하면서 샤워 커튼 뒤에서 늘 훔쳐볼 수 있었는지, 듀이의 십진법을 활용해 내 책들을 어떻게 배열했는지, 망치를 얼마나 형편없게 다루는지, 숨차지 않고 계단을 두 칸씩 걸어가는지, 혹은 신발 끈을 얼마나 완벽하게 묶는지 쓰곤 했다. 맞다. 별나고 특이하다. 있는 그대로다.

그로부터 며칠 후 나는 갑자기 도시 전역에 사는 다양한 성격의 사람들을 만나고 있었다. 그들은 하나같이 흥미로운 사람들로, 다들 어디서 난데없이 나타났는지 모르겠다. 그들은 그동안 내 인생의 어디쯤 있었을까? 나는 발레 감독과 커피를 마시고, 식품조합 창립자와 조깅을 했으며, 3000년의 삶에 관한 커피숍 강의에서 마케팅 책임자를 우연히 만났다. 즐거운 한때를 보내던 나는 결국 내 자신과 사랑에 빠졌다. 즉, 당신에게 가장 중요한 관계를 익히는 가장 간단한 방법은 결국 무엇일까? 무엇보다 당신답게 살아가는 것이다.

진정한 당신이 되라. 당신답게 살아가고, 이를 멋진 모습으로 여겨라 당신이 더욱 나은 사람이 된다 해도 다른 사람이 될 수는 없다. 당신을 완전히 특별한 존재로 만들어주는 요소는 너무나 많다. 마음 깊은 곳의 진정한 당신이 가장 멋진 당신의 모습이다. 당신이라는 존재는 독특하고도 복잡하다. 그리고 다른 이들과 완전히 다른 차원의 존재이다. 당신만 할 수 있는 독특한 생각, 머릿속에 빙빙 도는 생각, 늦은 밤 침대에 누워서 갑자기 떠오른 생각을 놓치지 않고 단단히 붙잡는다. 그렇게 당신이 생각한 것들, 한 일들, 말한 것들이 모두 모여 당신이 어떤 사람인지 서서히 정의되어간다.

당신이 머릿속에서 어떤 생각을 하는지를 모두 아는 사람은 아무도 없다. 당신만 알고 있다. 당신은 당신의 그 생각을 듣고 그것을 따라야 한다.

당신이 되라. 당신을 위해서.

직장이나 학교, 집에서 진정한 당신을 보여주는 일이 왜 그토록 중요할까? 왜냐하면 당신 자체의 모습으로 사랑받는 것보다 만족스러운 일은 없으며, 당신이 아닌 모습으로 사랑받는 것보다 고통스러운 일은 없기 때문이다.

루즈벨트 그리어가 태어난 1932년 조지아 주의 땅콩 농장으로 잠시 돌아가보자. 친구들은 그를 로지라 불렀고, 약 190센티미터의 키에 약 135킬로그램으로 거구인 그는 미식축구의 디펜시브 태클로 활약했다. 로지는 축구장에서 결코 맞서고 싶지 않은 덩치 큰 선수로 LA 램즈의 공포의 4인방 중 하나였다. 이들은 역사상 가장 강력한 수비 라인이었다.

나는 로지 그리어를 사랑한다. 하지만 미식축구선수로서의 그를 사랑하는 것은 아니다. 중요한 건 그가 시합에서 이기고, 가로채는 패스를 성공하고, 프로 볼 대회에 출전했기 때문이 아니다. 그가 진실한 사람이기 때문에 사랑한다. 프로 미식축구 연맹(NFL)에서 은퇴한 후 로지는 그의 마음이 이끄는 대로 따랐다.

그는 경호원이 되어 로버트 케네디를 암살한 총을 소지한 범인을 결국 진압했고, 뮤지션이 되어 그의 노래를 차트 128위까지 진입시켰으며, 로스앤젤레스에서 토크쇼 진행자를 맡았다. 그리고 내가 가장 좋아하는 그의 모습은 무엇이었을까? 로지는 굉장한 열정으로 자수를 시작했다. 그는 자수를 하면 마음이 진정되고 두려움이 없어졌으며, 여자를 만나는 데도 도움을 받았다고 했다. 사실 로지는 자수를 매우 사랑해서 《로지 그리어의 남자들을 위한 자수법Rosey Grier's Needlepoint for Men》이라는 책까지 썼다. 1973년에 출간된 이 책은 지금도 여전히 판매되고 있다. 마음이 시키는 대로 따른 결과는 이토록 좋을 수밖에 없다!

잠시 당신이 거대한 몸집의 미식축구선수라고 상상해보자. 사람들은 당신이 레스토랑에만 들어서도 전부 쳐다보며, 당신은 늘 특대 사이즈의 셔츠와 청바지를 입는다. 그리고 유니폼 저지 셔츠와 빛나는 트로피가 집에 장식되어 있다.

이제 당신이 거대한 몸집의 미식축구선수로 활동하다가 은퇴 후 자수에 관한 책을 출간한 모습을 상상해보자. 책 표지에는 당신이 직접 자수를 뜨고 있는 사진을 실었다. 사람들의 반응이 어떨까? 〈뉴욕타임스〉는 어떤 서평을 실었을까? 같이 축구를 하던 동료들은 어떤 농담을 했을까? 당신이라면 어떤 질문을 받았을까? 잠시 생각해보자.

이제 온라인에 올라온 다음과 같은 서평을 읽는다면 기분이 어떨지
생각해보자.

자수와 뜨개질 도전을 사랑하는 이웃에 사는 어린 친구를 위해 이 책을 샀
어요. 11세인 꼬마 친구는 자기 같은 어린 남자 아이가 자수하는 것이 이
상하지 않다고 사람들이 생각하길 원했어요. 남자들에게 자수는 완벽한
선물이에요. 축구에 빠진 그의 남동생은 로지 그리어가 쓴 이 책에도 빠
져 두 가지 전부 흥미를 갖게 되었지요. 이 책은 7세 소년과 11세 소년에
게 예술을 알고 창조하기 원하는 일이 여전히 남자다운 일이라고 느끼게
해줬답니다.

이는 당신답게 살아갈 때 갖는 힘이자, 당신의 마음을 따랐을 때
느낄 수 있는 감정이다. 이렇게 진정한 당신이 되는 일은 초반부터
늘 편안하지는 않지만 결국 끝으로 갈수록 분명히 편안해진다.

마릴린 먼로는 이렇게 말했다. "불완전함은 아름답고, 광기는 천
재적이며, 완전히 지루한 것보다 완전히 우스꽝스러운 편이 훨씬 낫
다."

마더 테레사는 다음과 같이 말했다. "솔직하고 투명하면 상처받
기 쉽다. 그래도 솔직하고 투명하게 살아라."

《이상한 나라의 앨리스》에 등장하는 미친 모자장수가 "내가 미쳤
니?"라고 묻자 앨리스가 대답했다. "유감스럽지만 넌 완전히 미쳤
어. 그런데 비밀 하나 알려줄게. 멋진 사람들은 보통 그래."

진정한 당신이 되라. 당신답게 살아가고, 이를 멋진 모습으로 여

겨라. 당신의 모든 것을 사랑하라. 결점, 상처, 두려움, 그리고 사랑, 열정까지.

자신에 대해 모든 것을 제대로 알아야 진정한 자신의 모습으로 살아가게 되고, 진정한 자신의 모습으로 살아가야 자신의 모든 것을 사랑하게 된다. 당신 자신과 맺는 관계가 당신의 인생에서 가장 중요한 관계이다.

진실하지만 이상한, 진짜 자신에게 적응하는 일은 쉽지 않다. 하지만 그것은 모든 것을 가질 수 있는 가장 만족스러운 방법이다. 지금부터 그 이유를 살펴보자.

지금까지 내가 이야기한 많은 최고위급 임원들과 금융 조사자들, 그리고 전문직 강연가들은 매일 일하러 가면서 그들이 아닌 다른 사람인 척 연기를 하기 때문에 지친다. 그들은 '급여 수준이 꽤나 만족스러우니 특정 역할을 맡아서 연기할 가치가 있어'라고 생각한다. 하지만 실제 하는 일과 자신이 원하는 일 사이에 조금이라도 거리가 생기면 따분하고 보이지 않는 불행이 훨씬 악화되며 신념에 혼란이 생긴다. 그리고 '아무것도 생각하지 못하는 상태'에 이르게 된다. 이 상태는 단순히 지쳤다고 하기에는 훨씬 더 위험하다. 왜일까? 자신만의 특별한 감성이 사라질 위기에 처했기 때문이다.

자신만의 특별한 감성, 즉 긴 여름날 반짝이는 황혼을 바라보며 키운 꿈과 텐트 안의 대화, 그리고 멋진 팀원들과 함께한 첫 번째 직장 생활을 통해 형성된 자신의 감성이 모래로 뒤덮이고 강한 바람에 노출되어 겹겹이 쌓인 문화적 기대라는 층 아래에 묻힐 위기에 처했다. 당신은 스스로 자신이 어떤 사람인지 잊어가고 있다.

시인 랄프 왈도 에머슨은 "끊임없이 자신을 특별한 존재로 만드는 노력을 하면서 자신답게 살아가는 사람은 세상에서 가장 위대한 업적을 이룬 사람이다"라고 했다. 하지만 이는 쉽지 않다.

그렇다면 왜 자신답게 살아가야 할까? 간디는 답을 알고 있었다. 행복의 본질을 제대로 알고 있던 그는 아무것도 원하지 않고, 어떤 것이든 행동하며, 자신과 국가를 위해 모든 것을 가져야 한다고 굳게 믿었다. 간디가 남긴 말을 들여다보자.

행복이란 당신이 생각하고, 말하고, 하는 일이 조화를 이룰 때 일어납니다.

행복은 진정한 자신이 되는 최종목적지다. 이는 생각, 말, 행동이 완전히 일치하는 삶이다. 당신의 팔과 다리, 뇌가 모두 크게 딱 소리를 내며 맞춰진다. 리모컨을 씌우는 덮개처럼 딸깍! 진정한 자신이 되는 것은 행복으로 가는 지름길이다. 그러면 우리는 어떻게 그곳으로 갈 수 있을까?

진정한 '나'를 찾아주는
세 가지 테스트

당신이 자신감이 있다고 해보자. 항상은 아니지만 자주 그렇다. 당신은 언제나 행복에 이르지는 않지만 행복했던 적이 있으며 다시 행복해질 수도 있다. 이제 당신은 자신의 목소리를 어느 정도 듣기 원한다. 진정한 열정을 찾고 싶고 진실한 사람이 되기 원한다. 그렇다면 진정한 자신을 발견하는 마음과 정신을 어떻게 찾아낼 수 있을까?

하버드 대학에서 이상적으로 여기는 활동을 샅샅이 살펴보고, 끝없는 기업체 중역 수련회에 참여하고, 리더십에 관한 먼지 쌓인 교과서를 훑어본 후 나는 진정한 자신의 모습을 발견하고 맞추는 데 가장 좋은 세 가지 테스트를 찾아냈다. 나는 이러한 테스트를 수많은 리더들과 공유하고 매년 최소 한 번씩은 내 자신에게도 사용하고 있다. 다음은 바로 그 세 가지 테스트다.

1. 토요일 아침 테스트

▸ 아무것도 할 일이 없다면 토요일 아침에 보통 무엇을 하는가?

   당신의 진정한 자아는 본능적으로 _____ 하는 것에 끌린다.

2. 벤치 테스트

▸ 새로운 상황에 처했을 때 어떤 기분이 드는가?

   당신의 진정한 자아는 당신을 _____ 하는 것으로 이끈다.

3. 다섯 사람 테스트

▸ 당신이 가장 사랑하는 것들의 범위 내에서 당신과 가장 가까이 있는
   다섯 명은 누구인가?

   당신의 진정한 자아는 이들의 _____ 의 평균치이다.

토요일 아침 테스트

지긋지긋한 질문부터 해보자.

"나중에 크면 무엇이 되고 싶나요?"

이 질문은 알게 모르게 우리의 삶에 아주 많이 녹아 있기에 걱정스
럽다. 전문직 호칭, 명함, 직위와 중요 경력이 쓰여 있는 이력서. 모두
멋진 일이다! 하지만 이런 것들을 걸러내고 조직화하는 문제점은 너
무나 많은 사람들이 그들의 입체적이고 복잡한 자아를 개인의 공간이
허용되지 않는 좁은 양동이에 쑤셔 넣으며 성장한다는 것이다.

일생 동안 무엇을 하고 싶은지 아는 사람은 없다. 정말 아무도 없
다. 그 누구도 행복에 도달하려고 영원히 노력한다는 하나의 완전

아무것도 하지 않고도 모든 것을 얻는 법

한 감각을 의도적으로 갖고 태어나지 않았다. 직장에 있는 사람들이 한 번이라도 "나는 아무 생각 없이 이 일을 택했어!", 혹은 "내가 어렸을 때는 이 일을 원한다고 한 번도 말한 적 없어. 이런 일이 있는지도 몰랐다니까!"라고 말하는 걸 들어본 적 있는가? 내가 말하려는 건 직업을 결정하는 과정이 결코 그냥 일어나지 않았다는 것이다. 영원히 노력해야 하는 하나의 큰 목적을 갖는 것은 인생의 목표가 아니다.

그러면 인생의 목표는 무엇일까? '이키가이', 다시 말해 당신을 설레게 하는 어떤 것이다. 이것이 현재 목표다. 이키가이는 당신이 아침에 일어나는 이유다. 토요일 아침 테스트는 진정한 열정을 찾고, 그 열정이 당신의 삶에서 큰 부분을 차지하고 있는지 확인하는 데 도움을 준다. 토요일 아침 테스트는 다음의 간단한 질문 하나에 대한 당신의 대답이다.

아무것도 할 일이 없다면 토요일 아침에 무엇을 하나요?

이 같은 결정적 질문을 자신에게 물어보고 잠시 답변을 생각한 다음 큰 소리로 대답하자. 아무것도 할 일이 없다면 당신은 토요일 아침에 보통 무엇을 하는가? 운동하러 헬스클럽으로 향하는가? 기타를 연주하며 녹음하는가? 어떤 것이든 당신이 하는 일을 대답한 다음, 그러한 열정을 자연스럽게 분출하면서 할 수 있는 일을 있는 대로 전부 떠올려본다.

수백 가지가 나올 것이다. 헬스클럽에 가는 것을 사랑한다면? 퍼스닐 트레이닝, 야구팀 지도하기, 걷기 그룹을 위해 자원봉사하기, 요가 교실 운영하기, 아이들에게 체육 가르치기, 영양제 회사를 시작하기 등을 할 수 있다. 기타를 연주하며 녹음하는 일을 사랑한다면? 온라인 강의로 기타 가르치기, 음악 편집하기, 디제잉 방법 배우기, 악기 회사 시작하기는 어떨까? 내가 만난 사람들 중에 가장 행복한 이들 중 하나는 우쿨렐레를 수입하고 팔면서 직접 가르치기로 결심한 고등학교 음악 선생님이었다.

당신의 진정한 자아는 이 같은 생각에 끌릴 것이다. 진정으로 끌리는 일을 하면서 살아가는 인생은 당신을 풍요롭고 강하게, 그리고 행복하게 해주기도 한다. 데일 카네기도 "삶에 지치나요? 그러면 진심으로 믿는 일에 자신을 온전히 던진 후 그 일을 위해 죽기 살기로 노력하면, 결코 오지 않을 거라 생각했던 행복을 발견할 수 있을 겁니다"라고 말했다.

결국 토요일 아침 테스트는 일과 개인적 삶을 풍요롭게 해주는 자연스러운 열정을 끌어내도록 돕는다.

벤치 테스트

1998년 7월, 나는 비영리단체 SHAD에서 프레드릭 테이트를 만났다. 우리는 천체물리학 강의를 듣다가 입자 가속기 체험을 하고, 브리티시컬럼비아 대학의 오션사이드 캠퍼스에서 긴 대화를 나누는, 괴짜 청소년들을 위한 밴쿠버에서 열린 한 달간의 여름 캠프에 참가했다.

천재들을 발견하기 어려웠지만 내 기억에 따르면 프레드릭은 명

아무것도 하지 않고도 모든 것을 얻는 법

쾌한 사고를 하고 예리한 관찰력과 세상을 꿰뚫어보는 날카로운 통찰력을 가진 확실한 천재였다. 나는 그가 장차 크게 될 것을 알았지만 나는 18세이었고 그는 17세였기 때문에 보호 테이프처럼 찰싹 달라붙은 우리의 우정도 우리가 서로 다른 대학에 진학하고 각자의 삶에 몰두하면서 점점 빛이 바래져 갔다.

몇 년이 지나고 그를 인터넷에서 검색해보니 그가 뉴욕에서 투자은행가로 일하고 있다는 사실을 알게 되었다. 그가 일한다는 은행에 임의로 전화하여 정중하게 프레드릭 데이트를 바꿔달라고 부탁했다. 그가 사무실 전화를 받았을 때 나는 "안녕 프레드릭, 나 닐 파스리차야"라고 말하며 전화상의 작은 동창회를 열었다. 그리고 주말 동안 뉴욕에 가서 그와 오랜만에 시간을 보내려는 계획을 세웠다.

나는 퀸스 대학을 4년 다녔고, 그는 프린스턴 대학을 4년 다녔기 때문에 그동안 서로 어떻게 지냈는지 궁금해 미칠 지경이었다. 우리는 자연사박물관에서 1시간 가량 흰긴수염고래를 찾으며 그동안의 근황을 나눴다.

"어떻게 프린스턴으로 가게 된 거야?" 내가 먼저 질문을 시작했다. "내 말은, 너는 정말 똑똑했는데 왜 하버드나 예일, 아니면 코넬이나 컬럼비아로 진학하지 않고?"

"흠, 나는 운이 좋았지. 몇 군데 중에서 고를 수 있었거든." 그는 민망한 듯 겸손하게 웅얼웅얼하며 말을 이었다.

"사실 어디로 진학해야 할지 몰라서 그걸 알아내려는 테스트를 해봤어. 나는 그 테스트를 벤치 테스트라고 불렀지. 일단 200달러를 내면 일주일 동안 지프를 빌릴 수 있다는 걸 알았어. 어느 학교를 갈지 고르는 결정이 200달러 이상의 가치가 있다고 생각했거든. 그래서 지프를 빌려 하버드, 예일, 프린스턴, 브라운, 다트머스, 컬럼비아 대학을 방문했지. 각 대학 캠퍼스를 걸어 다니다가 캠퍼스 중앙에 있는 벤치를 발견하면 그곳에서 1시간 동안 앉아 주변의 소리를 들어본 거야. 학생들을 관찰하고, 그들이 주변에서 나누는 모든 대화를 들었어. 그들에게 무엇이 중요한지, 그들이 서로 대화를 어떤식으로 하는지, 흥미 있게 여기는 것은 무엇인지 전부 귀 기울여 들었지."

"어떻게 그럴 생각을 했어?"

"글쎄. 그때부터 4년이 넘는 기간 동안 내 시간의 대부분은 당시 내가 들었던 것을 정확히 그대로 하면서 보낼 거라고 생각했거든. 강의 시간은 한 주에 많아봤자 20시간 또는 30시간이야. 그 외 대부분 시간은 친구들을 사귀고, 강의를 들으러 가면서 그들과 수다 떨고, 미래 계획을 생각하면서 보낼 테니까. 근본적으로 내 경험은 4년 동안 하는 모든 대화를 종합한 것이 될 테니 말이야. 그래서 나는 그들의 대화를 들으려 노력하고 그 대화가 나와 잘 맞는지 생각해봤어. 진정한 내 자신의 목소리를 들으려고 노력하면서 내가 옳은 결정을 할 수 있게 했지."

나는 깊은 감명을 받았다. 대학에 진학한 수백만 명의 사람들을 알고 있지만 그들 중 대다수는 학교 웹사이트를 대충 훑어보고, 캠퍼스 투어를 하고, 도서관에 방문해 책을 보며 각 학교의 장단점을 몇 시간 동안 조사하며 결정을 내렸다. 나도 마찬가지였다. 하지만 벤치 테스트는 이 모든 것보다 훨씬 간단했다. 프레드는 누구에게도 어떤 학교를 가야 하는지 질문하지 않았다. 왜냐하면 그는 사람들의 의견이 그들의 경험에 기본을 두고 있다는 사실을 알았기 때문이다. 그의 경험이 아니라. 또 유명한 조각상과 최첨단의 운동 기구를 강조하는 캠퍼스 투어를 신경 쓰지 않았으며, 대학 가이드북에 나오는 캠퍼스별 인구 분포와 SAT 점수를 꼼꼼하게 살펴보지도 않았다. 그는 그런 것들을 신경 쓰지 않았다. 단지 캠퍼스에 가서 벤치에 앉아 있었던 것이 전부다.

벤치 테스트가 프레드에게 효과적이었던 것은 테스트를 하기 원했던 새로운 상황에 자신을 몰두하게 만든 다음 그 상황에 반응하는 진정한 자아의 반응을 끈기 있게 관찰했기 때문이다. 이것이 바로 벤치 테스트의 핵심이다. 자신을 어떤 새로운 상황에 완전히 던지고 짧은 시간 동안 테스트하는 것이다.

벤치 테스트를 다른 곳에서도 활용할 수 있을까? 물론이다! 면접을 할 때는 사무실 투어 테스트, 살 집을 찾을 때는 산보 테스트, 다닐 헬스클럽을 고를 때는 운동기구와 샤워 테스트를 하면 된다. 새로운 회사에 면접을 보러 갔다고 생각해보자. 이때 당신은 회사 문화와 직장에 관해 필사적으로 배워야 한다. "회사 문화가 어떤가요?"라는 질문을 하면 절대 안 된다! 나는 면접에서 매우 자주 그런 질문을 받았다. 그런 질문을 하는 것은 책에서 학교에 관해 읽거나 교실에서 운전을 배우는 것과 같다. 당신은 반드시 사무실에 들어가서 그곳의 문화를 느껴봐야 한다. 어떻게? 사무실 투어 테스트를 활용한다. 면접을 마친 후 사무실을 5분만 돌아보겠다고 요청한다. 벤치에 앉을 수는 없지만 알고 싶은 모든 것이 보일 것이다.

나는 면접을 마치고 월마트 본사를 처음으로 둘러본 경험을 결코 잊을 수 없다. 시끌벅적한 프런트 앞의 불안하게 흔들리는 중고 싸구려 의자에 앉아 있는 동안 나는 미소를 짓는 50대 직원들과 화려하게 치장한 30대, 마트를 빠른 걸음으로 드나드는 앳된 얼굴의 대학생들이 다양하게 뒤섞인 마트 분위기를 관찰했다. 그곳은 마치 '사무실의 다양성'을 보여주는 활기찬 포스터 같았다. 옷을 갖춰 입은 사람은 아무도 없었고 사람들의 연령 또한 다양했다. 과장되거나 허풍 섞인 말을 하는 이들도 없었다.

벽에도 뭔가 잔뜩 붙어 있었다. 곧 블록체로 회사 슬로건을 걸어 놓은 장소를 지나갔다. 그곳에는 "우리는 고객들의 돈을 절약해서 그들이 더 나은 삶을 살 수 있게 한다"라고 적혀 있었다. 나는 자신들이 하는 일이 무엇인지 알고, 하는 일을 투명하게 공개하는 그들의 신념이 마음에 들었다. 회사의 역사를 보여주는 플로차트와 '판매량 상위 5위와 하위 5위 회사'의 서열, 그리고 '오늘의 주가' 목록과 "내일은 당신에게 달렸습니다!"라는 문장이 쓰인 잘라낸 표지판도 눈에 띄었다.

면접관 앙투아네트는 함께 그곳을 둘러보면서 긴 복도를 내려가 계단 위로 올라가는 길을 안내했다. 그 길을 걸어가면서 그녀는 마주치는 모든 사람들의 이름을 한 명씩 부르며 인사했고 그들도 그녀에게 이름을 부르며 인사했다. 나는 그녀와 레드 카펫 위를 걸어가는 느낌이 들었다.

"1,000명의 사람들이 이곳에서 일할 텐데 당신은 어떻게 모든 사람의 이름을 알고 있나요?" 나는 그녀에게 물었다.

"그야 쉽죠." 그녀가 대답했다. "우리는 10피트 규칙이 있어요. 당신이 있는 곳에서 10피트 내에 있는 모든 사람에게 인사를 하는 거예요. 이 규칙은 마트 내에서 고객들에게 당신이 어떻게 도울 수 있는지 질문하는 것을 기본으로 합니다. 우리는 대문자로 인쇄된 이름표를 고객들이 잘 읽을 수 있도록 셔츠 칼라에 달아요. 꼭 파티에서 '안녕? 내 이름은' 스티커를 잘 보이게 붙이고 있는 것과 같죠. 물론 파티에서와는 달리 우리는 항상 이름표를 달고 있지만요."

이런 문화를 모든 사람들이 좋아한 것은 아니었다. 하지만 나는 무척 마음에 들었다. 결국 벤치 테스트는 자신을 새로운 상황에 몰두하게 한 다음, 당신의 결정이 진정한 자신의 목소리와 일치하는지 확인하기 위해 당신의 반응을 관찰하는 것이다.

다섯 사람 테스트

"동료란 당신 옆에 앉아 있는 다섯 명의 사람들을 말한다."

하버드 경영대학원 리더십 교수님은 늘 이렇게 말하곤 했다. 이말이 무슨 뜻일까? 당신과 같은 팀에 있는 팀원 다섯 사람, 매일 점심을 같이 먹는 다섯 사람, 동료에 관한 모든 것을 당신에게 말해주는 다섯 사람, 이들이 바로 당신의 동료들이다. 그들은 당신의 관점을 분명히 표현하는 데 도움을 준다.

"당신 친구들은 당신을 뚱뚱하게 만드는가?" 〈뉴욕타임스〉는 심지어 우리 몸무게가 친구들의 몸무게를 토대로 결정되었을 가능성이 있다는 기사와 연구를 실으면서 이러한 질문을 던졌다. 당신은 뚱뚱한 사람들과 어울리는가? 그렇다면 당신도 뚱뚱해진다. 만약 당신 동료들이 뚱뚱한 사람들과 어울린다면? 그들은 뚱뚱해지고, 그러면 당신도 뚱뚱해진다. 슬프지만 사실이다. 어떤 연구 결과는 심지어 당신이 당신 친구들의 키와 매력을 전부 합한 것의 평균치라고 말하기도 한다. 결혼한 지 오래된 커플이 서로 참 닮은 것과 비슷한 이치다. 어떤 이들은 그들의 반려견과 비슷해 보이기도 한다.

연구원 니컬러스 크리스태키스와 제임스 파울러는 그들의 베스트셀러 저서 《행복은 전염된다》에서 이렇게 말했다.

"당신 친구의 친구의 친구의 체중이 늘었으면 당신의 체중도 늘어났다는 것을 발견했다. 당신 친구의 친구의 친구가 금연을 했으면 당신도 금연을 했다는 것을 발견했다. 그리고 당신 친구의 친구의 친구가 행복해지면 당신도 행복해진다는 것을 알 수 있었다."

베스트셀러 작가 제임스 알투처는 "다섯의 힘"이라는 기사에서 이러한 개념을 좀 더 심화시켰다.

"당신은 당신 주변에 있는 다섯 사람의 평균치입니다. 당신은 당신에게 가장 영감을 주는 다섯 가지 일의 평균치입니다. 내 생각은 내가 평소 생각하는 다섯 가지의 평균치입니다. 내 몸과 정신은 내가 평소에 '먹는' 다섯 가지의 평균치입니다. 나는 매일 사람들을 돕기 위해 하는 다섯 가지 일의 평균치입니다."

이것을 기억하자. 당신은 당신 주변에 있는 다섯 사람의 평균치이다. 당신은 그들의 지성, 그들의 모습, 그들의 긍정성, 그들의 창의력, 그들의 포부의 평균치이다. 그렇다면 다섯 사람 테스트의 의의는 무엇일까?

당신과 가장 가까운 곳에 있는 다섯 사람을 관찰하고 당신이 그들의 평균치라는 것을 기억한다. 그들 중간쯤에 당신이 있다. 당신이 얼마나 긍정적인지 알고 싶다면? 가장 시간을 많이 보내는 다섯 사람의 태도를 평균한다. 당신이 얼마나 강한 리더인지 알고 싶다면? 가장 가까운 동료 다섯 사람의 리더십을 평균한다. 당신이 얼마나 자신감이 있는지 알고 싶다면? 가장 많이 어울리는 다섯 사람의 자신감을 평균한다.

물론 이것은 대략적인 정도이지만 다섯 사람 테스트는 우리가 어떤 사람인지를 보여줌으로써 진정한 자아를 발견하는 데 활용할 수 있는 테스트다. 미국 철학자 윌리엄 제임스가 "당신이 지금 있는 곳이 어디든 그곳은 당신이라는 세상을 만든 당신 친구들에 의한 것이다"라고 말한 것처럼.

죽기 직전 가장 많이 후회하는
다섯 가지

브로니 웨어는 호주에서 죽음을 앞둔 환자들의 마지막 세 달의 시간 동안 그들을 돌봐온 호스피스 간호사이다.

"그들에게 어떤 후회를 하고 있는지 물어보면, 대부분 매번 같은 이야기를 했어요."

그녀는 결국 그들이 죽기 전에 가장 후회하는 다섯 가지 주제를 정리하여 그들이 숨을 거둔 후 블로그에 작성했다. 이 블로그는 입소문이 났고, 이들의 이야기는 특히 〈가디언〉과 〈더 데일리 메일〉에 의해 선정되기도 했다. 그렇다면 인생의 마지막을 앞둔 환자들이 가장 많이 후회하는 일은 무엇일까? 돈을 많이 벌지 못한 것? 더 오래 일하지 못한 것? 휴가를 충분히 가지 못한 것? 충분히 집을 사지 못한 것?

아니다. 지금쯤이면 여러분도 알 것이다. 죽기 직전 가장 후회하

아무것도 하지 않고도 모든 것을 얻는 법

는 다섯 가지 일은 바로 다음과 같다.

- 다른 사람이 아닌, 내가 원하는 삶을 살았더라면
- 내가 그렇게 열심히 일하지 않았더라면
- 내 감정을 표현할 용기가 있었더라면
- 친구들과 계속 연락하고 지냈더라면
- 나 자신에게 더 많은 행복을 허락했더라면

이것을 읽을 때마다 늘 머리를 한 대 맞는 느낌이다. 만약 오늘 죽는다면 나는 얼마나 많은 후회를 할까. 내가 할 수 있다고 생각하는 일이 매번 여러 가지가 떠오르는데, 이 다섯 가지 후회는 내게 깊은 영감을 준다. 또한 이들 목록을 보고 알아챈 것은 전부 '진정한 자신'에 관련되어 있다는 것이다. 한마디로 그들의 후회 목록은 모두 '당신이 되는 것'과 밀접하게 연결되어 있다.

당신답게 행동하고 이를 멋진 모습으로 여긴다면? 당신은 분명 자신에게 진정한 의미가 있는 삶을 살아갈 것이다. 당신은 분명 시간을 보낼 때 당신에게 가장 큰 가치를 두고 당신의 삶에 부합하는 직업을 찾을 것이다. 당신은 분명 자유롭게 감정을 표현할 것이다. 당신은 분명 친구들과 꾸준히 연락을 할 것이다. 당신은 분명 더욱 행복해질 수 있도록 살아갈 것이다.

진정한 자신이 되면 인생에서 후회하는 일이 생기지 않는다. 자신에게 솔직해지면 인생에서 후회하는 일이 생기지 않는다.

다음은 간호사 브로니 웨어가 환자들을 관찰하고 써내려간 추가적인 글로 〈가디언〉이 발췌한 부분이다. 그들이 얼마나 진정한 자신이 되는 것, 즉 자신에게 솔직해지는 것에 관해 이야기했는지 살펴보자.

'다른 사람이 내게 기대하는 삶이 아닌, 내 자신이 원하는 삶을 살아가는 용기를 가졌더라면 좋았을 텐데.' 이것은 모든 후회를 통틀어 가장 많이 나왔습니다. 사람들은 자신의 삶이 거의 끝났다는 것을 알고 그동안의 삶을 되돌아보니 그들이 얼마나 많은 꿈들을 이루지 못했는지 쉽게 알 수 있었지요. 대부분 사람들은 그들이 꾸었던 꿈의 반조차 이행하지 못했으며, 그 이유가 그들이 했거나 혹은 하지 않았던 선택 때문이었다는 것을 알고 세상을 떠났어야 했습니다. 많은 사람들은 다른 이들과 평화를 유지하기 위해 그들의 감정을 억누릅니다. 결과적으로 그들은 그저 그런 삶에 만족하며 진정으로 되고 싶은 사람이 결코 되지 못합니다. 결국 그들은 마음속에 지니는 괴로움과 분노로 인해 또 다른 병을 키우게 됩니다.

'내 자신에게 더욱 많은 행복을 허락했더라면 좋았을 텐데.' 이것도 놀라울 정도로 많은 사람들이 털어놓은 후회입니다. 많은 이들은 행복이 선택임을 마지막까지 깨닫지 못합니다. 그들은 오래된 삶의 패턴과 습관에 갇혀서 시간을 흘려보냈지요. 소위 '편안함'이라 불리는 익숙함은 그들의 감정뿐 아니라 몸에도 흘러넘쳤습니다. 변화의 두려움은 그들이 다른 사람들에게, 그리고 자기 자신에게 다른 사람인척 연기하면서 그러한 삶에 만족하게 했지요. 하지만 그들의 깊은 내면을 들여다보면 재미있게, 때로는 다소 철없게 살아가면서 삶을 제대로 즐기기를 간절히 바라고 있었습니다.

아무것도 하지 않고도 모든 것을 얻는 법

당신 본연의 모습으로 살아가는 것처럼 만족스러운 일은 없다. 당신은 당신이 아닌 다른 사람이 될 수는 없기 때문이다. 힌두교 경전인 《바가바드 기타》에서는 "다른 이의 인생을 모방하여 완벽하게 사는 것보다 자신의 운명으로 불완전하게 살아가는 것이 더욱 좋다"고 말한다. 정상적인 자신의 모습 대신 더 나은 자신의 모습을 연기한다는 것은 자신이 아닌 다른 사람에게 초점을 맞춰 그 사람처럼 행동하는 데 에너지를 쏟으며 살아간다는 것을 의미한다. 이 얼마나 지치는 일인가! 당신이 만약 컴퓨터라면 모든 사람들이 지나다니는 곳에 아름다운 스크린세이버를 번쩍이게 하는 데 모든 용량을 쓰는 것과 같다. 이는 시간과 에너지가 소요된다. 그리고 자연스러운 욕구와 꿈과도 맞지 않는다. 두 가지를 동시에 신중하게 하는 일은 불가능하다. 멀티태스킹은 이제 다시는 시작하지 말자.

우리가 사람들을 처음 만났을 때 진심을 공유하는 것은 쉽지 않다. 배우 크리스 락은 "당신이 처음으로 어떤 사람을 만났을 때는 그 사람을 만났다고 할 수 없다. 그 사람을 대신하는 누군가를 만난 것이다!"라고 했다.

하지만 그러한 관계가 금방 끝나지 않고 조금이라도 오래 지속된다면 만난 그 사람과 충분히 진심을 나눌 만한 가치가 있다. 나는 이럴 때 진정한 자신의 모습을 더욱 깊게 보여주라고 사람들에게 말한다. 괴짜처럼 굴기도 하고 특별히 다른 사람인 척 연기하지 않으면서 진실한 모습을 보이자. 당신답게 행동하고, 이를 멋지게 여기는 것이다. 이렇게 하는 것이 어렵다고 생각하는가? 사실이다. 이는 매우 어려운 일이다.

생텍쥐페리는 "자신에게 솔직하기란 얼마나 지독히 어려운가. 차라리 다른 사람들에게 솔직한 것이 훨씬 쉽다. 진실은 눈에 보이지 않는다. 오직 마음으로만 또렷하게 볼 수 있다"라고 말했다.

당신이 발견한다면, 즉 당신의 진정한 자아를 발견하여 공유한다면, 그 가치는 무엇과도 바꿀 수 없다. 작가 에크하르트 톨레는 "당신이 어떤 사람인지 아는 진실만이, 그렇게만 할 수 있다면, 당신을 해방시킬 것이다"라는 말을 남겼다. 또한 고대 아프리카 속담에는 이런 말이 있다. "내부에 적이 없을 때는 외부의 적이 당신을 해치지 못한다."

셰익스피어 역시 이런 말을 남겼다. "무엇보다 자신에게 진실해져라. 그러면 마치 밤이 낮을 따르듯 남에게도 거짓으로 대하지 않게 된다."

앞서 살펴봤던 자신감 상자를 떠올려보자. 스스로와 다른 사람을 높게 평가하기 전까지 당신은 당신 자신이 될 수 없다. 하지만 이 간단한 세 가지 테스트인 토요일 아침 테스트, 벤치 테스트, 다섯 사람 테스트가 바로 핵심을 짚어내도록 도와준다.

진정한 자신의 모습을 세상에 보여주지 않으면 어떤 일이 일어날까? 당신은 결코 당신의 진정한 모습을 사랑하는 사람을 만나게 되지 못할 것이다.

아무것도 하지 않고도 모든 것을 얻는 법

우선 행복해져라

당신을 위해 일을 하라

항상 복권을 떠올려라

절대 은퇴하지 마라

당신에게 가장 큰 가치를 두라

여유를 가져라

일단 하라

진정한 당신이 되라

9장

내 인생 최고의 충고

충고는 따르지 마라

"칼슘과 비타민D의 추가 섭취는 필요하지 않아."

〈뉴욕타임스〉의 "가장 많은 메일을 받은"란을 훑어보다가 이 헤드라인이 내 눈을 사로잡았다. 미국과 캐나다 정부에 의해 운영되는 독립적인 비영리단체 의학연구소에서 어떻게 1,000건이 넘는 출판물을 연구하고 이 같은 결론을 내렸는지에 관한 내용이었다. 나는 갑자기 기분이 좋아졌다. 이제껏 칼슘이나 비타민D를 추가로 챙겨 먹지 않기 때문이다. 이제 섭취할 필요도 없다니.

그 다음 토론토 스타의 웹사이트로 들어가 조금 더 기사를 검색하며 이곳저곳 훑어봤다. 또 다른 헤드라인이 내 눈을 사로잡았다. "반드시 비타민 D를 섭취해야."

연구마다, 기사마다 완전히 반대되는 충고를 하고 있었다. 세계에서 가장 규모가 큰 두 군데의 신문사, 두 개의 브랜드, 두 개의 제1면

아무것도 하지 않고도 모든 것을 얻는 법

기사는 서로 정확히 반대인 충고를 우리에게 전하고 있었다. 이제 어떻게 해야 하지? 갑자기 불안해졌다. 만약 모든 충고가 서로 상충된다면?

"충고를 따르지 말아요."

내가 언젠가 한 CEO에게 어떤 사람들은 새로운 회의를 좋아하는데 어떤 사람들은 좋아하지 않는다고 말했을 때 그가 내게 이런 말을 해줬던 기억이 난다. 나는 그를 똑바로 쳐다봤다. 충고를 따르지 말라고요? 진심인가요?

"당신이 조사를 끝냈고, 당신이 회의를 주관하니, 다른 사람의 생각에 관해서는 걱정할 필요가 없어요." 그가 말했다.

"당신이 결정해야죠. 모든 충고는 상충된다는 걸 기억해요. 당신이 원하는 핵심에 맞게 상대방의 충고를 어떤 방법으로든 비틀어 활용할 수 있어요. 혹시 폐암 환자의 97퍼센트가 흡연자이고 흡연자의 97퍼센트가 절대 폐암에 걸리지 않는다는 사실을 들어봤나요?"

나는 멍하니 그를 빤히 바라봤다. 그 이야기가 사실일지는 모르지만 내 뇌는 그 사실을 생각하는 것만으로도 반짝반짝 빛이 났다. 그는 나의 도전 의식을 북돋았다. 그는 항상 그랬다.

"당신 스스로 결정해야 해요. 내 충고는 모든 충고에 창의적으로 다르게 적용될 수 있어요. 일단 들어요. 하지만 당신이 무엇을 할지는 당신이 결정하는 겁니다." 그는 잠시 멈췄다가 한 번 더 말했다.

"충고를 따르지 말아요."

답은 당신 안에 있다

완전히 반대되는 헤드라인의 뉴스 웹사이트를 돌아다니면서 나 자신에게 물었다.

"일반적으로 어떤 충고를 가장 사실로 받아들였을까?"

우선 행복해져라? 당신을 위해 일을 하라? 항상 복권을 떠올려라? 아니다. 그보다 배경이나 경험에 상관없이 우리가 모두 아는 충고는 무엇일까? 불현듯 무엇인가 내 머리를 스쳐갔다. 클리셰, 다시 말해 진부하고 상투적인 문구다. 수없이 오랜 시간 전해지면서 모든 사람이 알게 된 충고다. 구르는 돌에 이끼가 끼지 않는다. 손 안에 든 새 한 마리가 덤불에 있는 새 두 마리보다 낫다. 우리는 모두 이 같은 클리셰를 알고 있다! 그렇다면 클리셰는 대체 무엇일까?

클리셰:

오랫동안 의미 있게 여겼기 때문에 많이, 때로는 아주 많이 사용되어온 표현이나 생각.

나는 클리셰가 프랑스어에서 유래된 단어라고 배웠다. 오래된 인쇄기에서 클리셰는 이미 고정 관념이라 불리던 금속 인쇄용 판이었다. 시간이 흐르면서 글자 하나하나의 의미 대신 전체의 의미로 가장 흔하게 쓰이는 구절이라는 뜻이 되었다. 즉, 클리셰는 자주 쓰이는 단어들의 집합이었다.

일단 클리셰가 무엇인지 알게 되자 나는 클리셰의 목록을 찾아보기 시작했다. 모든 충고 중에서 세월이 흘러도 가장 변치 않는 충고는 무엇일까. 내가 찾을 수 있는 만큼 많이 찾았다. 그러다 내가 무엇을 알아냈을까? 많은 클리셰들도 서로 어긋난다는 사실이다!

그렇다면 앞으로 당신이 듣게 될 모든 충고의 가장 큰 문제점은 무엇일까? 바위처럼 단단한 충고, 즉 모든 것에 적용되고 완벽하며 변치 않는 충고는 어디에도 없다는 사실이다. 조금도 없다. 덤불의 새가 무슨 소용이고(만약 당신이 채식주의자라면), 모자 위에 걸 수 있는 것도 아무것도 없으며(만약 당신이 모자를 쓰지 않는다면), 은행에 맡길 것도 아무것도 없다(아니면 온라인 뱅킹으로 할 수도 있고).

충고는 결코 모든 상황에서 객관적으로 맞지 않는다. 얼마나 불안한 말인가. 다음은 서로 어긋나는 충고를 보여준다.

수비는 승리를 가져다준다.	최고의 수비는 좋은 공격이다.
유유상종. 끼리끼리 모인다.	반대에 끌린다.
배움에는 나이가 없다.	늙은 개에게 새로운 기술을 가르칠 수는 없다.
옷이 날개다.	사람을 겉모습으로 판단하면 안 된다.
떨어져 있으면 더욱 애틋해진다.	눈에서 멀어지면 마음도 멀어진다.
호랑이 굴에 들어가야 호랑이를 잡을 수 있다.	나중에 후회하는 것보다 미리 조심하는 편이 낫다.
돈 낸 것만큼 얻을 수 있다.	인생에서 가장 중요한 것은 공짜이다.
기다린 사람에게 복이 온다.	일찍 일어나는 새가 벌레를 잡는다.
펜은 칼보다 강하다.	말보다 행동이 중요하다.

오래된 클리셰조차 정확히 반대인 글 옆에 있으니 설득력이 없어 보인다. 모든 충고는 상충된다!

어느 학교에 진학할지 결정한 적이 있는가? 이때 모든 사람이 각 각 다른 의견을 냈던 것을 알아차렸다면 그들을 무시하라. 벤치 테 스트를 하면 된다. 당신의 마음이 이끄는 대로 따라가라. 당신 아이 의 이름을 어떻게 짓는다고 사람들에게 말한 적이 있는가? 그다지 좋은 생각이 아니다. 갑자기 온갖 충고가 날아올 것이다. 경력에 도 움이 될 다음 일에 관한 충고를 요청한 적이 있는가? 그러면 모든 사

아무것도 하지 않고도 모든 것을 얻는 법

람들은 뭔가 다른 이야기를 한다. 나아가는 방향도 조금씩 다르게, 할 일도 조금씩 다르게 말한다.

최근에 내 친구 중 한 명은 직장을 그만두었다고 모두에게 알렸다. 어떤 친구들은 "잘 생각했어. 넌 이제 자유야. 잠시 떠났다가 와!"라고 했지만, 다른 친구들은 "너 정말 바보구나! 그 직장처럼 좋은 곳은 없어"라고 했다.

이를 기억하자. 충고는 당신의 생각이 아닌, 충고자의 생각을 반영한다. 광고, 상사, 부모, 친구들은 진부 다른 이야기를 한다. 물론 잠시 동안의 충고는 중요하다. 차 조심해라, 벌레를 먹지 마라, 변기에 물을 내려라 등이 그것이다. 하지만 진정으로 행복한 사람들은 충고를 받아들이는 것을 멈추고 자신에게 귀를 기울이는 것이 중요한 것임을 안다.

당신에게 가득한 그 어떤 클리셰나 명언, 그리고 충고도 오직 당신이 이미 알고 있는 마음속의 무언가를 확신시켜줄 뿐이다.

찰스 발렛은 1872년에 이렇게 답장을 보냈다.

"우리는 충고를 요청할 때 보통 우리와 한패를 찾는다."

그러므로 우리는 특정 충고를 좋아하고 다른 충고를 꺼린다. 이것은 사람들이 그들과 반대되는 의견이 아니라 그들의 관점과 같은 생각을 가진 신문을 읽는 이유다. 그렇다면 내 인생 최고의 충고는 무엇일까? 바로 "충고를 따르지 마라"다.

답은 당신 안에 있다. 깊이 생각하고 가장 좋은 것을 결정하라.

앞으로 나아가며 행복해져라. 그리고 절대 충고를 따르지 마라.

우선 행복해져라

당신을 위해 일을 하라

항상 복권을 떠올려라

절대 은퇴하지 마라

당신에게 가장 큰 가치를 두라

여유를 가져라

일단 하라

진정한 당신이 되라

충고를 따르지 마라

감사의 글

인생은 끊임없는 대화의 연속이지만 이 책을 쓰는 과정은 내 인생 최고의 대화 중 하나였어요. 그동안 서로 생각을 공유하고 많이 웃으며 함께 성장해왔어요. 내가 이 책을 내기까지 도와준 많은 이들에게 감사하다는 말을 전합니다.

G.P.퍼트남스 선스 출판사와 펭귄 북스에서 나와 함께 작업해준 놀라운 사람들에게 고마움을 전합니다. 우리는 한 팀이었으며, 정말 즐기면서 열심히 일했습니다. 매우 설레는 경험이었어요.

편집자 케리 콜렌에게 감사드립니다. 어떻게 당신을 만날 수 있었는지! 당신은 내게 운명을 믿게 해줬어요. 당신의 강인함, 신념, 그리고 열정에 감사합니다. 당신은 최고에요, 세계 최고, 아니 모든 것을 통틀어 최고에요. 당신과 함께 일하는 동안 정말 행복했습니다.

불타는 열정을 보여준 에이전트 에린 말로네에게 감사의 말을 전합니다. 우리는 열광적인 열차에 탑승이라도 한 듯 제대로 신나게 달려왔어요. 함께할 수 있어서 즐거웠습니다.

내게 열정을 전해주고 힘을 북돋아준 위대한 작가들과 아티스트들을 통해 끊임없이 영감을 받았어요. 정말 감사합니다. 스티브 톨츠, 모신 하미드, 데이비드 미첼, 앨리스 먼로, 찰리 카우프만, 스파이크 존즈, 팀 페리스, 니콜 카트수라, 라인 윌슨, 빌 워터슨, 스테픈 말크무스, 웨인 코인, 그리고 매트 버닝어에게 고마움을 전합니다.

이 책을 쓰는 도중 나를 지지해주고 이끌어준 많은 친구들에게 감사하다고 말하고 싶습니다. 특히 브라이언 쇼, 프란세스코 세파루, 스콧 브로드, 리타 스튜어트, 게일 블랭크, 밥 하킴, 크리스 웨스트, 플레지 베니츠, 어고스티노 마자렐리, 개리 존스턴, 마이크 존스, 그리고 프레드 테이트에게 고마움을 전합니다.

에너지를 전해준 채드 업튼, 지혜를 전해준 프랭크 워렌, 아이디어를 전해준 케빈 그로에게 감사한 마음을 전합니다.

지혜와 힘으로 가득한 책들에게 감사한 마음을 전합니다. 그 책들이 탄생할 수 있도록 도운 전 세계의 보이지 않는 모든 팀에게 감사하다고 말하고 싶습니다. 햇살에서부터 나무들, 벌목꾼, 방앗간, 저자, 출판사, 인쇄소, 운전기사, 판매자까지 모두에게 고맙습니다. 나는 책을 너무나 사랑합니다. 책을 만들 수 있게 도운 모든 분들에게 고마움을 전합니다.

헤더 라이스만, 당신의 변함없는 행복에 관한 믿음에 깊은 감사를 드립니다. 데이브 치즈라이트, 이 책의 수많은 아이디어들은 우리의 긴 대화에서 나왔어요. 당신은 내가 아는 가장 위대한 리더입니다.

아무것도 하지 않고도 모든 것을 얻는 법

에이미 아인호른, 나를 믿어주셔서 정말 고맙습니다. 당신은 나를 더 좋은 작가로 만들어줬어요.

세상에서 가장 열정적인 선생님들, 당신들이 해낸 모든 일에 고마운 마음을 전합니다. 아버지와 아내가 선생님이기 때문에 당신들이 삶을 바꾸기 위해 얼마나 열심히 노력하는지 잘 알고 있습니다. 나를 이 자리까지 이끌어주신 많은 선생님들께 감사드립니다.

행운과 기회를 준 최고의 부모님, 최고의 선생님들, 최고의 나라에게 고마움을 전합니다. 우리는 정말 운이 좋아요.. 나는 정말 운이 좋습니다. 내게 항상 힘을 불어넣어주고 지지해주고 내가 하는 모든 것을 믿어주는 우리 가족, 정말 사랑합니다. 엄마 사랑합니다. 아버지 사랑합니다. 니나 사랑해. 디와 렉시도 사랑한다.

내 친구이자, 내게 가장 영감을 주는 동료이자, 가장 친한 친구인 아내 레슬리에게 감사하다는 말을 전합니다. 이 책에 등장하는 모든 논쟁과 아이디어, 그리고 손 그림들은 우리 사이의 끝없는 대화에서 나왔어요. 당신은 모든 페이지에 녹아 있습니다. 당신은 특별해요. 당신은 내 모든 것이에요. 사랑합니다.

마지막으로 당신에게 고마움을 전합니다. 열정적이고도 놀라운 이 세계를 살아가면서 행복을 찾는 멋진 대화를 함께 해주어서 정말 감사합니다. 당신에게 매우 고맙습니다. 행복을 함께 찾은 것, 그 외에도 모든 것에 정말 감사합니다.

모두들 잘 지내시길. 다음에 또 뵙죠.

아무것도 하지 않고도 모든 것을 얻는 법

초판 1쇄 인쇄 2019년 3월 27일
초판 1쇄 발행 2019년 4월 3일

지은이 닐 파스리차
옮긴이 송선인
펴낸이 이수철
본부장 신승철
주 간 하지순
디자인 오세라
마케팅 정범용
관 리 전수연

펴낸곳 나무옆의자
출판등록 제396-2013-000037호
주소 (03970) 서울시 마포구 성미산로1길 67 다산빌딩 3층
전화 02) 790-6630 팩스 02) 718-5752

페이스북 www.facebook.com/namubench9
인쇄 제본 현문자현종이 월드페이퍼

ISBN 979-11-6157-049-5 03320